B A B Y S I G N S

ベビーサイン

まだ話せない赤ちゃんと話す方法

リンダ・アクレドロ/スーザン・グッドウィン 原作
Linda Acredolo, Ph. D., & Susan Goodwyn, Ph. D.

たきざわあき 編訳
小澤エリサ・ヒライ 絵

径書房

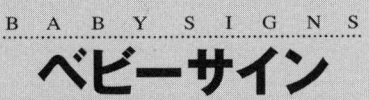

BABY SIGNS

ベビーサイン

まだ話せない赤ちゃんと話す方法

飛行機
airplane

ちょうだい
give me

サル
monkey

カメラ
camera

なかよし
friend

車・ドライブ
car/drive

ごめんね
sorry

熱い
hot

冷たい
cold

訳者からのメッセージ

ベビーサインの世界へようこそ

「あっ、あっ」と声をだしながら、懸命になにかを指差している赤ちゃん。もの言いたげな目で、あなたをじっと見つめています。それなのに、赤ちゃんが言おうとしていることをなかなかわかってあげられなくて、いらいらしてしまった経験はありませんか？

私の息子は、生後八か月になったころから、急にいろいろなものに興味をもちはじめ、なにかを指差しては、「あっ、あっ」と声をだすようになりました。「自転車？」「ワンワン？」と聞いても、「あっ、あっ」とくりかえして私を見つめるばかり。それは、私にとっても息子にとっても、たいへんもどかしい時間でした。

なんとかして息子とコミュニケーションがしたい。そう思った私は、手遊び歌の身振りや、以前から学んでいた手話の動きをヒントにしながら、自分なりのジェスチャーを考えて息子に話しかけてみることにしました。「オッパイがほしいの?」と言いながら、「げんこつやまのたぬきさん」にでてくるオッパイの身振りをしたり、ゾウの鼻にみたてた手をブラブラとゆらしながら、「ぞうさん、ぞうさん、お鼻がながいのね……」と歌ってみたり。すると、私の表情や動きがおもしろかったのか、息子は、食い入るような目で私のことを見つめていたかと思うと、そのうちに、かわいらしい手をたどたどしく動かしながら、私のジェスチャーをまねるようになりました。

そして、息子が十か月になったある日、私は、息子が私のほうを見ながら、小さな右手を懸命に開いたり閉じたりしているのに気がつきました。その動きはぎこちないものでしたが、たしかに〈オッパイ〉というジェスチャーです。ちょっぴり得意そうな息子の笑顔。私は「オッパイがほしいのね」と言いながら、思わず息子を抱きしめました。ジェスチャーをつかえば、まだおしゃべりができない息子とも「話す」ことができる。それは私たち親子にとって、とてもうれしい発見でした。

そんな私がこの本に出会ったのは、息子が一歳半になった一九九七年の夏のことでした。当時、私たち家族はアメリカで暮らしていたのですが、近所の書店で『**Baby Signs : How to Talk with Your Baby Before Your Baby Can Talk**（ベビーサイン：話しはじめる前の赤ちゃんと話すための方法）』というタイトルにひかれて手にしたのが、本書だったのです。

この本の著者であるリンダとスーザンは、自分たちの子育てをとおして、ジェスチャーが赤ちゃんとのコミュニケーションに役立つことに気づき、こうしたジェスチャーを「ベビーサイン」と名づけました。その後ふたりは、心理学者の立場からベビーサインと赤ちゃんの発達についての研究に取り組み、ベビーサインが赤ちゃんの言語発達や知的発達にも役立つことを明らかにしました。本書は、そうした著者の十年以上にわたるベビーサインの研究をまとめたもので、ベビーサインのつくり方やつかい方をはじめ、実際にベビーサインをつかっている家族から寄せられた数多くのエピソードなども紹介されています。

はじめてこの本を読んだとき、私は、ベビーサインが私と息子がつかっていたジェスチャーによく似ていたので驚きました。それと同時に、私たちと同じように「ジェスチャー＝ベビーサイン」をつかって、赤ちゃんとのコミュニケーションを楽しんでいる多くのお父さんやお母さんがいることを知り、とてもうれしくなりました。少しでも早く赤ちゃんと話したいというのは、世界中のお父さんやお母さんの共通の願いなのですね。

こうして、たくさんのベビーサイン仲間がいることに勇気づけられた私は、その後、ますます積極的に息子との生活にベビーサインをとりいれるようになりました。ふだんの会話のなかでベビーサインをつかうのはもちろんのこと、息子が大好きなキャラクターをあらわすベビーサインを考えたり、ベビーサインをつかって絵本を読んだり、歌を歌ったり……。ちょっと想像力を働かせるだけで、ベビーサインの楽しみ方は、どんどん広がっていきました。

そのうちに娘が生まれると、今度は息子も一緒になって娘にベビーサインを教えるようになり、私たち家族は、娘がひとつひとつベビーサインを覚えていくようすを、ワクワクしながら見守るようになりました。そして気がつくと、私たち家族にとってベビーサインは、たんなるコミュニケーションの手段ではなく、家族をひとつに結びつけてくれる大切な宝物になっていたのです。

私たち家族の生活にたくさんの喜びをもたらしてくれたベビーサイン。そのベビーサインを日本のお父さんやお母さんにも紹介したい、という願いをこめて、私はこの本を訳しました。

ベビーサインは決してむずかしいものではありません。あなたの赤ちゃんは、さよならをするときに手をふっていませんか？　ごはんのとき、「いただきます」や「ごちそうさま」と言うかわりに、手をあわせていませんか？　この本のなかでリンダとスーザンは、こうした自然な身振りもベビーサインのひとつなのだ、と書いています。つまり私たちは、そういう身振りのなかに、赤ちゃんとのコミュニケーションの可能性が眠っていることに気づくだけで、ベビーサインの世界へと旅立つことができるのです。

あなたが赤ちゃんと「話したい」と願っているように、赤ちゃんだって、あなたと話したくてたまらないはずです。ベビーサインは、きっと、あなたと赤ちゃんのコミュニケーションを豊かにし、毎日の生活をさらに楽しくしてくれることでしょう。

ベビーサイン……………………まだ話せない赤ちゃんと話す方法　目次

3　さあ、ベビーサインをはじめましょう！　056

B A B Y S I G N S

ベビーサイン

まだ話せない赤ちゃんと話す方法

1 Introducing Baby Signs

赤ちゃんは伝えたいことがいっぱい

ジェニファーは、絵本が大好きな一歳一か月の女の子です。ある晩のこと、夕食を終えた父親のマークがソファでくつろいでいると、ジェニファーがよちよち歩きでやってきました。マークの顔を見ながら、あわせた両手を左右に開いたり閉じたりしています。マークが「わかった、いっしょに本を読もう」と答えると、ジェニファーは大喜びで動物の絵本をとってきて、マークにぴったりとよりそいました。

最初のページをめくると、ジェニファーはうれしそうに目をかがやかせ、開いた指先で胸を横になでるしぐさをしながら、にっこりとほほえんでマークをみあげました。「大当たり。シマウマだよ」と答えて、マークがほほえみかえします。次のページを開くと、ジェニファーは鼻にあてた人差し指を上下に大きく動かしました。「そうだね、ゾウさんだね」とマークもうれしそうに答えます。

ページをめくるたびに、ジェニファーは、体を上下させたり、頭を後ろに反らせて口を大きく開けたり、手を洗うときのように両手をこすりあわせたりしながら、マークをみつめます。マークは、そのたびに「カンガルーだね」「カバだよ」「そのとおり、水だよ。カバさんが水のなかで泳いでいるね」と答えながら、ジェニファーが絵本にでてくる動物やストーリーをきちんと理解していることをほめてあげました。こうしてジェニファーとマークは、親子の会話を楽しみながら、絵本を最後まで読みつづけました。

カンガルー
kangaroo

これはジェニファーという女の子が、父親のマークと一緒に絵本を読んでいる場面です。ジェニファーが絵本になにが描いてあるかを伝えると、マークはそれをきちんと理解して答えてあげていますね。ところが、この場面をよくみると、ひとつだけふつうとはちがうところがあります。それは、この場面で、ジェニファーが一度も「話し言葉」をつかっていないということです。そのかわりにジェニファーは、いくつかの簡単な身振りをつかって話しています。本書では、これを「ベビーサイン」と呼ぶことにします。

ジェニファーとマークは、日ごろから、シマウマやゾウやカンガルーだけでなく、身のまわりのものや伝えたいことをあらわすベビーサインを決めて、ふだんの会話でもつかっていました。そのおかげでジェニファーは、まだおしゃべりができないときから、こうしてお父さんといっしょに絵本を楽しむことができるのです。

一般的に、「ボール ball」や「ドギー doggy（イヌの幼児語）」のような発音しやすい言葉でも、赤ちゃんが話せるようになるまでには時間がかかるものです。ましてや、「カンガルー kangaroo」や「ジブラ zebra（シマウマ）」のようなむずかしい言葉だったら、赤ちゃんが言えるようになるのは、何か月も先のことでしょう。ジェニファーが話し言葉で会話ができるようになるのを待っていたとしたら、ふたりはずっとあとになるまで、こんな楽しいひとときをすごすことはできなかったにちがいありません。

まわりの人たちとスムーズにコミュニケーションをすることができれば、毎日の生活がより豊かで楽しいものになるのは、大人でも赤ちゃんでも同じことです。とくに赤ちゃんは、自分ひとりではまだなにもすることができないので、人とのコミュニケーションが大人以上に大切なのです。

アンドリューが一歳二か月のときのことです。母親のローラは、真夜中に突然泣きだしたアンドリユーの声で目をさましました。

子ども部屋に入って、「どうしたの？　どこか痛いの？」と声をかけると、アンドリューが泣きながら自分の胸をたたいています。「怖いのね。もう大丈夫よ」　ローラはそう言って、アンドリューをベッドからかかえあげて、ギュッと抱きしめました。

「なにかあったの？　怖い夢でもみたの？」と聞くと、アンドリューはローラの目をみつめながら自分の鼻をたたきはじめました。「まあ、ピエロの人形が怖いの？　わかったわ。このピエロはあっちにつれていくからね。もう怖がらなくても大丈夫よ」　そう言ってふたたび寝かしつけようとすると、アンドリューは親指で自分の口元を軽くつつきました。「喉がかわいたのね。すぐにお水をもってくるから待っててね」

ローラは、ピエロをもって部屋をでると、台所から水をもってきてアンドリューに飲ませました。それから、おやすみのキスをして、そっと自分のベッドにもどりました。

怖い
scared

このアンドリューのエピソードと、前に紹介したジェニファーのエピソードに共通していることはなんでしょうか？　それは、赤ちゃんが、話し言葉をつかうことなく、自分の言いたいことをきちんと伝え、お父さんやお母さんとスムーズに心をかよわせているということです。

ふつう、この月齢の赤ちゃんは、伝えたいことがあっても、ほしいものを指差して、「あっ、あっ」という声をだしたり、泣いたりすることしかできません。けれども、アンドリューとジェニファーは、話し言葉のかわりにベビーサインをつかって自分の気持ちを伝えることができるので、お父さんとお母さんは、ふたりの言いたいことを正確に理解することができます。そのためふたりは、自分の言いたいことが伝わらないというストレスを感じることなく、もっともっとコミュニケーションをしたいという気持ちを育てていくことができるのです。

また、ジェニファーやアンドリューがベビーサインをつかっているようすをみると、私たちが思っている以上に、赤ちゃんは賢くて、いろいろなことを考えているのだということがわかります。まだ話し言葉がつかえない赤ちゃんは、伝えたいことがないのではなく、伝える方法をもっていないだけなのです。ベビーサインは、そんな赤ちゃんにとって、自分の気持ちを伝えることができるすばらしい方法です。そのうえ、赤ちゃんを育てているお父さんやお母さんは、ベビーサインをとおして、赤ちゃんが頭の中でなにを考えているのかを知ることができます。

ジェニファーは、ベビーサインをつかって、いろいろな動物の特徴をきちんと区別して理解していることをマークに知らせることができましたし、アンドリューは、自分がいま感じているのは「怖い」という気持ちだということをローラに伝えることができました。自分の気持ちを適切な言葉であらわすということは、大人にとっても容易なことではありません。

マークとローラが、ふたりの気持ちを正確に理解して、その求めに応じてあげることができたのは、ベビーサインというコミュニケーションの方法があったからこそです。ふつうなら、赤ちゃんが話し言葉をつかえるようになるまで、想像するしかない赤ちゃんの心。ベビーサインは、そんな赤ちゃんの心をかいまみることのできる「窓」の役割を果たしてくれるのです。

1-1
この本を手にとってくれたあなたに

私たちの願いは、あなたと赤ちゃんとの生活にベビーサインをとりいれていただくこと、そして、そのために本書を役立てていただくことです。ベビーサインはとても簡単なので、あなたの赤ちゃんもすぐにベビーサインを身につけて、ジェニファーやアンドリューと同じように、自分の気持ちを伝えることができるようになるでしょう。

生後九か月から二歳六か月までの赤ちゃんは、伝えたいことがたくさんあるのに、話し言葉が追いつかないという、もどかしさでいっぱいの時期をすごしています。一歳をすぎたころから、赤ちゃんは少しずつ話し言葉をつかいはじめますが、それでも、話し言葉を自由につかえるようになるまでには長い時間がかかります。そんなときベビーサインをつかえば、話し言葉では言えないことも、自由に話すことができるようになるのです。

お父さんやお母さんのなかには、赤ちゃんがベビーサインをつかうのに慣れてしまったら、話し言葉をつかわなくなって、赤ちゃんの話し言葉の発達が遅れてしまうのではないか、と考える人がいるかもしれません。けれども、そんな心配はまったくありません。それどころかジェニファーとアンドリューは、ふつう言われているよりも早い時期から話し言葉をつかいはじめたくらいなのです。私たちは、これまで十年以上にわたってベビーサインの研究をつづけてきましたが、その結果、ベビーサインには、赤ちゃんの話し言葉の発達を促したり、知的発達によい刺激を与えたりする効果があることがあきらかになってきました。そのうえベビーサインは、赤ちゃんの心を育て、親子の結びつきを強めてくれることもわかっています。ですから、まだ話し言葉がうまくつかえないときからベビーサインをつかってコミュニケーションをするということは、赤ちゃんにとって、すばらしい人生のスタートになるといえるでしょう。

ところで、どうして私たちは、あなたの赤ちゃんもベビーサインをつかうことができるようになる、と断言することができるのでしょうか。その答えは簡単です。私たちは、自分自身の子育てや研究をとおして、長い間ベビーサインとかかわってきましたが、ベビーサインをつかうことのできない赤ちゃんには、まだ一度も出会ったことがないからです。

たいていのお父さんやお母さんは、赤ちゃんに話しかけるとき、深く考えることなく「バイバイ」

と言いながら手をふったり、「いや」と言うときに首を横にふったり、「うん」と言うときには首を縦にふったりします。そして、ほとんどの赤ちゃんは、話し言葉がつかえるようになる何か月もまえから、大人たちのジェスチャーをまね、〈バイバイ〉や〈いや〉や〈うん〉などの身振りをつかいはじめます。でも、ちょっと考えてみてください。実は、こうした身振りもベビーサインのひとつなのです。こうした身振りをつかうことによって、赤ちゃんは、ジェニファーの〈カンガルー〉やアンドリューの〈飲みもの〉のベビーサインと同じように、話し言葉をつかうことなく、自分の言いたいことを伝えることができるようになるのです。

ところが残念なことに、多くのお父さんやお母さんは、赤ちゃんのもっているベビーサインの可能性に気づくことなく、ジェスチャーをつかったコミュニケーションを、ここで終わらせてしまいます。けれども本書を読めば、あなたはきっと、こうしたジェスチャーを一歩進めるだけで、赤ちゃんとの新しいコミュニケーションの世界が広がっていることを実感することができるでしょう。〈バイバイ〉は、赤ちゃんが最初に覚えるベビーサインかもしれませんが、最後である必要など、どこにもないのです。

バイバイ
bye-bye

1-2
ベビーサイン誕生

この十数年間、私たちは、何百人ものお父さんやお母さんをはじめ、保育園の先生や小児科医に会って、ベビーサインのことを話してきました。その結果、多くの人たちが、私たちの主張の的確さと簡潔さに驚きながらも、ベビーサインのすばらしさを理解してくれました。

では、私たちにベビーサインの存在を気づかせてくれたのは、いったい誰だったのでしょうか。そして私たちは、なぜベビーサインにこれほど強い関心をもち、熱心に研究することになったのでしょうか。

そもそものはじまりは、この本の著者のひとりであるリンダに、ケイトという赤ちゃんが生まれたことでした。その当時、私たちは大学で学生を指導しながら、赤ちゃんよりももう少し大きな学齢期の子どもを対象にした研究をしていたので、赤ちゃんがどのように言葉を獲得していくのかということについては、あまり興味をもっていませんでした。ところが、ケイトが一歳になったころから、私たちは赤ちゃんの言語発達に強い関心をもつようになりました。というのも、ケイトが突然、いろいろなジェスチャーをつかって、リンダに話しかけるようになったからです。ここで、ケイトがジェスチャーをつかいはじめたばかりのころのエピソードを三つ紹介しましょう。

（1）ある日、ケイトとリンダが病院に行ったときのことです。その病院の待合室には大きなガラスの水槽がおいてありました。水槽のなかには、きれいな魚がいて、気持ちよさそうに泳いでいます。するとケイトが、急に水槽にかけより、水のなかを指差しながら、ろうそくの火を消すときのようにフーフーと息を吹きかけはじめました。ケイトは、まだ「フィッシュ fish（魚）」と言うことができなかったので、かわりに息を吹きかける動作で「魚」をあらわそうとしたのです。この出来事のあと、ケイトは魚を見るたびに息を吹きかける動作をするようになり、それは、ケイトが一歳七か月になって、「フィッシュ」と発音できるようになるまでつづきました。

（2）ケイトとリンダが庭で遊んでいたときのことです。ケイトがバラを指差しながらリンダの目をみつめ、匂いをかぐしぐさをくりかえしはじめました。そのときから、ケイトが一歳八か月になって「フラワー flower（花）」と発音できるようになるまでのあいだ、この匂いをかぐしぐさがケイトの〈花〉という言葉になりました。そしてケイトは、本物の花はもちろん、花の絵や写真、ワンピースについている花の模

魚
fish

様まで、ありとあらゆる花のことを、このしぐさで伝えるようになりました。

（3）リンダがケイトを研究室につれていったときのことです。部屋の片隅にクモがいるのをみつけたケイトは、リンダの手をひっぱると、クモを指差して、両手の人差し指をこすりあわせはじめました。明らかに〈クモ〉あらわそうとしてつかったジェスチャーです。この日の出来事をきっかけに、クモがいると伝えることができるようになったケイトは、クモ探しに夢中になりました。家のなかで小さなクモをみつけたり、動物園でタランチュラを見たりするたびに、ケイトは大喜びで人差し指をこすりあわせるようになったのです。

この三つのジェスチャーは、ベビーサインが生まれるきっかけとなったものです。けれども、ケイトがあまりにも突然こうしたベビーサインをつかいはじめたので、私たちは、ケイトがどこからそれを思いついたのかを考えなければなりませんでした。そして私たちは、ケイトがお父さんやお母さんのしぐさや、いつもやっている遊びのなかから、こうしたベビーサインを思いついたのだということに気がついたのです。

まず、〈花〉というベビーサインの場合を考えてみましょう。ケイトの両親は、公園を散歩していてきれいな花をみつけると、「ケイト、お花よ、きれいね」と言いながら、いつも花の匂いをかがせてあげていました。だからケイトは、花を見たときに、とっさに「花」と「匂いをかぐ動作」とを結びつけて、お母さんに「花が咲いているよ」と伝えようとしたのです。

ケイトの〈クモ〉というベビーサインも同じように、いつもやっている遊びのなかから生まれたものでした。アメリカの子どもたちが大好きな「ちびっ子クモさん Eency Weency Spider」という手遊び歌のなかに「クモが雨どいをのぼっていく」という歌詞があり、手首を回転させながら、左手の人差し指と右手の親指、左手の親指と右手の人差し指を交互にくっつけて、クモが雨どいをのぼっていくようすをあらわすジェスチャーがでてきます。けれどもケイトは、このジェスチャーがまだうまくできなかったので、かわりに両手の人差し指をこすりあわせるようにしていました。つまり、リンダの研究室でクモをあらわすためにケイトがつかった人差し指をこすりあわせる動作は、いつも歌っている手遊び歌のジェスチャーからとったものだったのです。おそらく、お母さんにクモのことを伝えたい一心で、ケイトは手遊び歌という枠をこえて、〈クモ〉というジェスチャーをつかったのでしょう。

Eency Weency Spider

こうして、ケイトが〈花〉や〈クモ〉のベビーサインを思いついたきっかけはすぐにわかりましたが、ケイトが魚をあらわすときに、なぜ息を吹きかける動作をしたのかは、なかなかわかりませんでした。ケイトの家庭では、あまり魚料理を食べなかったので、ケイトは実物の魚というものをほとんど見たことがありませんでした。それなのにケイトは、いったいどうやっ

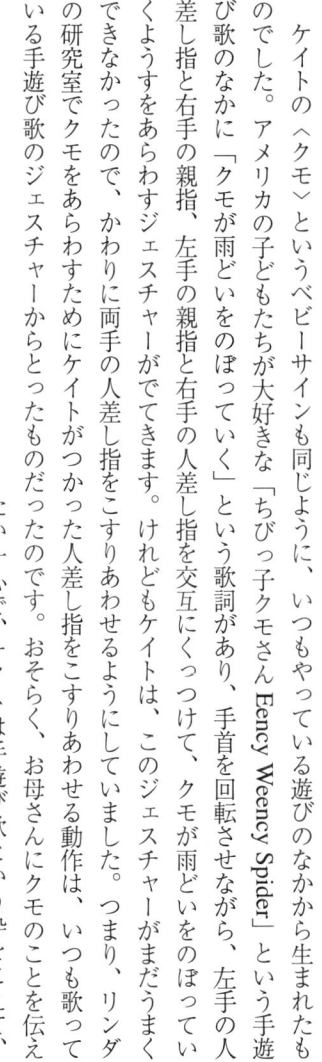

て〈魚〉をあらわすベビーサインを思いついたのでしょうか。

その答えはケイトの寝室にありました。ケイトが生まれたとき、リンダの教え子のひとりがベッドの上につるすかわいらしいモビールをプレゼントしてくれたのですが、このモビールはリボンで編まれた魚でできていたのです。リンダとケイトは、毎晩、このモビールに「ほら、お魚よ。お魚が泳いでいるね」と言いながら息を吹きかけて遊んでいました。そこでケイトは、この遊びから〈魚〉というベビーサインを考えだしたのです。そして、病院で水槽のなかの魚をあらわすのにつかってからというもの、ケイトは、本物の魚やおもちゃの魚など、いろいろな魚をあらわすのに、このベビーサインをつかうようになりました。

ケイトがベビーサインをつかって話そうとしていることがわかってから、私たちは、ケイトに話しかけるとき、積極的にベビーサインをつかうようにしてみました。ケイトが興味をもっているものにぴったりのベビーサインを考えるのは、とても簡単なことでした。

人差し指を曲げたり伸ばしたりしながら、くねくねと動かして〈アオムシ〉、大きく口を開けて〈カバ〉、手のひらを口の上において〈クッキーモンスター〉（訳注……TV番組セサミストリートに登場するキャラクター）、なにか熱いものにさわったときのように胸の前で手を上下にふると〈熱い〉など、ベビーサインは次々と浮かんできます。ケイトも私たちが考えだしたベビーサインを喜んでつかうようになりました。

興味深いことに、ベビーサインをつかったからといって、ケイトが話し言葉を覚えなくなるということは、決してありませんでした。なぜなら、ケイトにとっていちばん大切だったのは、まわりの人たちとのコミュニケーションだったからです。そのためにケイトは、話し言葉であれ、ジェスチャーであれ、つかえるものはなんでもつかおうとしていたのです。ケイトはすぐに、四十八の話し言葉と、二十八のベビーサインをつかいこなすようになり、おしゃべりが大好きな女の子へと成長しました。

その後ケイトは、話し言葉をつかえるようになるにつれて、だんだんとベビーサインをつかわなくなっていきましたが、これまでの研究から、このことはすべての赤ちゃんにあてはまることがわかっています。ケイトのベビーサインがみられなくなるのは残念な気もしましたが、ケイトの話し言葉がどんどん増えていくのをみるのは、うれしいことでもありました。ベビーサインをつかったことは、ケイトにとって、ほんとうにすばらしい人生のスタートになったと思います。

また、このベビーサインとの出会いは、私たちの研究にも大きな影響をもたらしました。私たちは、ベビーサインについてさらに深く知りたいと思うようになり、ほかの赤ちゃんがベビーサインをつかっているかどうかについても調べてみることにしたのです。

熱い
hot

1-3
ベビーサインは赤ちゃんの知的発達に役立ちます

私たちが最初にしたことは、赤ちゃんのいるお母さんたちにインタビューをすることでした。それによって、ケイトがベビーサインをつかったのは例外的なことだったのか、それともほかの赤ちゃんもベビーサインをつかっているのか、ということをあきらかにしようと考えたのです。

その答えは、すぐにわかりました。インタビューをはじめて幾日もたたないうちに、何人ものお母さんたちから、自分の赤ちゃんもベビーサインをつかっているという返事がかえってきたからです。私たちがインタビューをしている最中に、偶然、赤ちゃんがベビーサインをつかって母親に話しかけたこともありました。一歳五か月のエリザベスもそのひとりです。

私たちが、母親のペグに台所でインタビューをしていたときのことです。ゼンマイ仕掛けのカラフルなゾウが床の上をすべってきたかと思うと、私たちの足元をとおりすぎて、冷蔵庫のむこうへと消えていきました。

数分後、エリザベスが仲良しの子犬をつれて、さっきのゾウを探しにやってきました。けれども、ゾウはどこにもみあたりません。するとエリザベスは、ペグの目をじっとみつめながら、人差し指を自分の鼻にあて、それを上下に大きく動かしはじめました。あきらかにゾウの鼻をまねたベビーサインです。

「ゾウさんを探しているの？　それなら冷蔵庫のむこうにいるから、ママがとってあげるわ」

ペグがそう答えると、エリザベスはにっこりとわらってうなずきました。

この出来事は、ペグとエリザベスにとっては、とるにたらない日常のひとこまにすぎないのでしょうが、私たちにとっては大きな喜びでした。まさに私たちの目の前で、エリザベスがベビーサインをつかって、母親に話しかけたのですから。

エリザベスもケイトと同じように、ふだんお父さんやお母さんが遊びのなかでつかっているジェスチャーから〈ゾウ〉というベビーサインを思いついたようです。そして、ゾウの写真や絵、おもちゃのことなどを話したいときに〈ゾウ〉のベビーサインをつかうようになりました。あるときには、ホースのついた卓上掃除機を見て〈ゾウ〉のベビーサインをあらわし、ペグを驚かせたこともあったそうです。

数週間後、ペグから電話がありました。エリザベスが「エレファント **elephant**（ゾウ）」という話し言葉をつかいはじめたというのです。けれども、まだうまく発音することができないので、話し言葉といっしょにベビーサインをつかっているということでした。

こうしたインタビューをとおして、私たちはたくさんの親子と知り合い、多くのことを学びました。それにつれて私たちは、ベビーサインは決してめずらしいものではないという考えに、ますます自信をもつようになりました。なぜなら、赤ちゃんのようすをよく観察すると、たいていの赤ちゃんは、生後九か月から二歳までのあいだに、〈バイバイ〉や〈うん〉、〈いや〉などの一般的なジェスチャーのほかに、いくつかのジェスチャーをつかっていることが明らかになってきたからです。また、両親が積極的にベビーサインをつかっている家庭で育った赤ちゃんのなかには、新しいベビーサインを自分で考えだす赤ちゃんがいることもわかってきました。

なかでも私たちの関心をひいたのは、ベビーサインをつかっている赤ちゃんのほうが、つかわない赤ちゃんよりも早く話し言葉を身につける傾向があるということでした。そしてこのことから、私たちは、ベビーサインには、赤ちゃんの話し言葉の発達を促進する力があるのではないかと考えるようになったのです。

ベビーサインの研究をはじめてから数年が過ぎたときには、私たちは、ベビーサインが赤ちゃんのさまざまな発達に役立つと確信するようになっていました。そこで私たちは、国立児童保健・発達研究所（National Institute for Child Health and Human Development）の助成を受けて、生後十一か月から二歳までの赤ちゃんのいる百四十家族を対象とした大規模な実験をおこなうことにしました。実験の方法は、参加家族の三分の一にはベビーサインをつかってもらい、残りの三分の二にはつかわないようにしてもらって、定期的にそれぞれのグループを比較するというものでした。それによって、ベビーサインをつかうことがどのような影響をもたらすのか——いいのか、悪いのか、それとも変わらないのか——をあきらかにしようと考えたのです。

結果はどうだったでしょうか？　一言でいえば、さまざまなテストのすべての結果が、ベビーサインを肯定するものでした。ベビーサインをつかった赤ちゃんは、つかわなかった赤ちゃんとくらべると、知能テストの成績がよく、言葉に対する理解力もあって、語彙《ごい》も豊富でした。そして、より高い論理的能力を必要とする遊びにも、うまく参加することができたのです。

私たちが特にうれしかったのは、ベビーサインをつかった経験について話してくれたお父さんやお母さんの言葉でした。彼らは、ベビーサインをつかったことによって、赤ちゃんとのコミュニケーションが増え、育児のストレスが減り、親子の絆が強まった、と熱っぽく語ってくれました。それは私たちが期待していたとおりの効果でした。さらに彼らは、赤ちゃんがむずかったり泣いたりすることが少なくなった、本に興味をもつようになったなど、私たちが気づ

庭に咲いている花や、本や洋服に描かれている花など、私たちの生活は花であふれています。この写真は、10か月のブルースが、においをかぐベビーサインで〈花〉をあらわしているところです。

かなかったベビーサインの効果も指摘してくれたのです。

▼正直に言うと、はじめのうち私は、娘のロリにベビーサインをつかうことを躊躇《ちゅうちょ》していました。もちろん、早くロリと話したいという気持ちはあったのですが、ベビーサインは、話し言葉を覚えるのに悪い影響をもたらすのではないかと思ったからです。けれども、そんな私の心配をよそに、ロリは最初に〈魚〉というベビーサインを覚えたかと思うと、まるで堰《せき》をきったようにベビーサインをつかいはじめました。きっと、ようやく自分の気持ちを伝える方法をみつけた、と思ったのでしょう。ここにも〈魚〉、あそこにも〈魚〉と、あらゆる機会をとらえて、ロリは〈魚〉というベビーサインをつかうようになったのです。こうしたことは、ロリが新しいベビーサインを覚えるたびにくりかえされました。そしてロリは、成長するにつれて話し言葉をどんどん身につけていき、最初の心配はとりこし苦労に終わりました。そのころになると私は、ロリがベビーサインをつかわなくなっていくのをさびしく思うようになっていたほどです。人生の最初の大切な時期にベビーサインと出会ったことは、ロリの人生にいつまでもよい影響として残っていくだろうと思います。

（ベビーサインの実験に参加した母親の言葉）

1-4
赤ちゃんのなかの隠れた能力

赤ちゃんは、未知の世界を探検しながら、世の中にはどんなものがあるのか、そしてそれがどんな仕組みになっているのかを学んでいきます。また、お父さんやお母さんといっしょに、喜びや悲しみ、恐れや驚きなど、いろいろな気持ちを味わったり、経験をつみかさねたりしながら毎日をすごしています。赤ちゃんは、いつも好奇心いっぱいで、人とお話をするのが大好きです。ですから、空をとぶ飛行機や木にとまっている鳥、庭にさいている花を見るだけでは満足しません。そのことについて、だれかと話したいと望んでいるのです。

発達児童心理学者のペネロープ・リーチは、『赤ちゃん時代 Babyhood』[01]という著作のなかで、赤ちゃんが話そうとするいちばんの理由は、話すことによって人と心をかよわすことができるからだと述べ、「赤ちゃんが最初に言葉を話すのは、たいていの場合、大人の関心を自分に向けさせようとするときだ」と指摘しています。またリーチは、「話すことができない赤ちゃんは、まだ言葉や会話に興味をもっていないだろう、と多くの人たちが思ってしまうのは残念なことだ」とも言っています。親のほうがこうした態度で赤ちゃんをみているために、赤ちゃんの言葉を育てる機会をみすごしてしまったり、赤ちゃんとより深くかかわる機会を逃してしまったりしている場合が少なからずあるからです。

ここで、リーチのもうひとつの著作『子どもの成長 Your Growing Child』[02]に書かれているアドバイスに耳を傾けてみましょう。

「赤ちゃんの言葉の学習の手助けをするには、どうすればいいのか」という質問への答えは、積極的になにかをする、ということではありません。一見、消極的に思えるかもしれませんが、あなたの頭の中にあるひとつの先入観を捨てることが大切なのです。

あなたは、「言葉は話すもの」であり、「話すということは話し言葉をつかうことである」と思ってはいませんか？　そして「赤ちゃんは一歳近くなるまで言葉を獲得することはできない」と思いこんでいませんか？　まずは、そうした先入観を捨ててください。言葉というのは、人と人とのコミュニケーションのことなのですから。

赤ちゃんが話し言葉をつかいはじめるまで、赤ちゃんとのコミュニケーションに無関心でいたとしたら、大きな楽しみを、みすみす逃してしまうことになるといえるでしょう。

私たちが本書をとおしてあなたに伝えたいことは、どうすれば赤ちゃんのなかに眠っている隠れた能力をひきだせるのか、ということです。赤ちゃんは、自分の気持ちを伝える方法さえあれば、コミュニケーションをすることができるのです。赤ちゃんと気持ちをかよわせることができたら、どんなにすばらしいでしょう。

おしゃべりをしようとしてがんばっている赤ちゃんに、ベビーサインという方法を教えてあげてください。そうすれば赤ちゃんは、まわりの人たちともっと話をしたり、さらに世界を広げたりすることができるようになります。そしてなによりも、ベビーサインをつかったコミュニケーションで培《つちか》われた親子の愛情と強い絆は、一生の宝物となることでしょう。

01……Penelope Leach "Babyhood: Stage by stage, from Birth to Age Two. How Your Baby Develops Physically, Emotionally, Mentally", A.A.Knopf, 1983 Second Edition

02……Penelope Leach "Your Growing Child: From Babyhood Through Adolescence", A.A.Knopf, 1986

2 Where Baby Signs Fit in the Jigsaw Puzzle of Language

赤ちゃんの言葉の発達……言語はジグソーパズルのようなものです

ベビーサインが、赤ちゃんのコミュニケーションを豊かにし、その言語発達にもよい影響をもたらしていることがわかると、ひとつの疑問がわいてきます。ベビーサインは、赤ちゃんのコミュニケーションや言語の発達に、いったいどのように役立っているのでしょうか。

それを知るためには、まず、赤ちゃんがどうやって言語を獲得していくのかを考えなければなりませんが、そのときに大切なのが、第一章で紹介したペネロープ・リーチのアドバイスに従い、「言語を身につけるということは、話し言葉がつかえるようになることだ」という先入観を捨てることです。そうすればあなたは、赤ちゃんの言語発達の過程を、より簡単に理解することができるでしょう。

2-1
赤ちゃんはどうやって言葉を覚えるの？

私たちは、赤ちゃんの両親や学生に言語の発達について説明するとき、言語をジグソーパズルにたとえます。なぜなら、ジグソーパズルと同じように、言語もまた、多くのピースからなりたっているからです。赤ちゃんの言語発達の過程は、ジグソーパズルをつくりあげていくときと、よく似ています。赤ちゃんが発達過程をひとつたどるたびに、赤ちゃんの頭の中にある言語パズルのピースが一枚ずつ埋められていくのです。

言語パズルのピースのなかで、私たちにもっともなじみのあるピースといえば、「話し言葉」ですが、「言語というのは話し言葉のことである」と誤解している人が多いので、「話し言葉は言語パズルのピースの一枚にすぎない」と言うと、みな驚いてしまうようです。しかし、言語パズル全体からみれば、話し言葉というのは一枚のピースでしかなく、しかもほかのピースとくらべると、比較的遅い段階で埋められる一枚です。つまり赤ちゃんは、話し言葉をつかいはじめるずっとまえから言語パズルにとりくんでいて、話し言葉をつかいはじめるころには、赤ちゃんの頭の中の言語パズルには、すでにいくつもの大切なピースが埋められているのです。

ところが残念なことに、赤ちゃんのこうした成長は目に見えないので、お父さんやお母さんはなかなか気づいてあげることができません。けれどもベビーサインをつかえば、まだ話すことができない赤ちゃんでも、自分の言語パズルがどこまで完成しているかを目に見えるかたちで伝えることができるようになります。これもベビーサインをつかうことのひとつの長所だといえるでしょう。

それでは、赤ちゃんが言語パズルを完成させていくようすを、赤ちゃんの発達過程を追いながら簡単にみていくことにしましょう。

音遊び――発音する能力

話し言葉というのは、いくつもの音が組みあわさってできています。ひとつの音をだすためには、舌をきまった位置においたり、唇をかたちづくったり、鼻と口と喉をつなげる道筋を確保したりしなければなりません。また、声帯の操作や呼吸の調整などの複雑な動きも必要になります。つまり、赤ちゃんが話し言葉をつかいはじめるということは、赤ちゃんがこうした複雑な体の動きをすべてコントロールできるようになったということなのです。

大人は、ふだん、こんなにも多くの動きを同時におこなっていることなど意識することなく、話し言葉をつかっています。けれども赤ちゃんにとって、この複雑な動きを身につけるのは、とても大変なことです。話したいことはたくさんあるのに、発音する能力がまだ十分に身についていない赤ちゃんは、ここで大きな壁にぶつかってしまいます。そんなとき、赤ちゃんの強い味方になるのが、ベビーサインです。ベビーサインをつかえば、発音する能力が未熟な赤ちゃんでも、話し言葉以外の方法でコミュニケーションをすることができるからです。

もちろん、赤ちゃんもいつかは発音する能力を身につけていきます。では、赤ちゃんはどうやってそれを獲得していくのでしょうか。さきほども説明したとおり、ひとつの音をだすためには、複雑な動きをうまく組みあわせる必要があります。そのため赤ちゃんは、話し言葉がつかえるようになるずっとまえから、音をだす練習をはじめているのです。母音が発音できるようになるのは生後三か月ごろで、六か月をすぎると子音も発音できるようになります。

そのうち赤ちゃんは、しだいに独り言をいいはじめるようになりますが、このころの赤ちゃんのおしゃべりを注意して聞いていると、まるでだれかに話しかけているかのように思えることがよくあります。赤ちゃんのおしゃべりが理解できたら、どんなにすてきでしょう。でも、一歳前の赤ちゃんのおしゃべりというのは、残念ながら多くの場合、喃語《なんご》と呼ばれる意味をもたない音でしかありません。

赤ちゃんは、いろいろな音をだして、ただ遊んでいるにすぎないのです。

けれども、こうした「音遊び」は、赤ちゃんの言語発達のうえで、大切な役割を果たしています。「音遊び」をとおして赤ちゃんは、発音に必要な口の動きを身につけ、さまざまな音をつくりだすことができるようになっていくからです。つまり赤ちゃんは、「音遊び」によって「発音する能力」という言語パズルの大切なピースを埋めようとしているのです。一歳のお誕生日を迎えるころになると赤ちゃんは、いろいろな音をだすことができるようになり、少しずつ言葉を話しはじめます。これは、赤ちゃんにとって、「話し言葉」のピースを埋めるための第一歩であると同時に、「音遊び」という長いリハーサルの終わりのときでもあるのです。

社交性——人とかかわる能力

赤ちゃんが「話し言葉」のピースを埋めるまでに獲得しなければならないのは、音をだす能力だけではありません。人とかかわる能力を身につけることもとても大切です。これが「社交性」と呼ばれるもう一枚のピースです。私たちが言葉をつかうのは、なにかほしいものがあったり、自分の経験をわかちあったり、自分を理解してほしかったりするからです。そう考えると、言葉を話すということ自体が、人とのかかわりを基本にしているといえるでしょう。

赤ちゃんは、生まれて間もないころから、こうした社交性を身につけていきます。たとえば、生まれたばかりの赤ちゃんをみていると、なにが楽しいのかはわからないけれど、たしかに笑っているような顔をしていることがあるでしょう。はじめは、赤ちゃんがほんとうに笑っているのかどうかさえよくわかりませんが、生後四週間から六週間になると、はっきりとわかるはずです。赤ちゃんはあなたに微笑みかけているのです。この微笑みは、「社交的な微笑み social smile」と呼ばれるもので、赤ちゃんとあなたとのあいだに、人間的な心のつながりが生まれてきていることを示しています。

赤ちゃんのこうした微笑みは、両親にとって言葉では言いあらわせないほどの喜びです。きっと、赤ちゃんがはじめて「ママ」と言ったときと同じくらいの喜びで心がみたされることでしょう。だってその微笑みは、赤ちゃんがあなたと心をかよいあわせたい、と思っていることの証拠なのですから。

赤ちゃんは、生まれた瞬間からそそがれるお父さんやお母さんのやさしい言葉と笑顔のなかで、コミュニケーションの楽しさを知ります。だからこそ、もっと人とかかわりたいと思うようになり、その思いにかりたてられるようにして、コミュニケーションに必要なさまざまな能力を身につけていくのです。

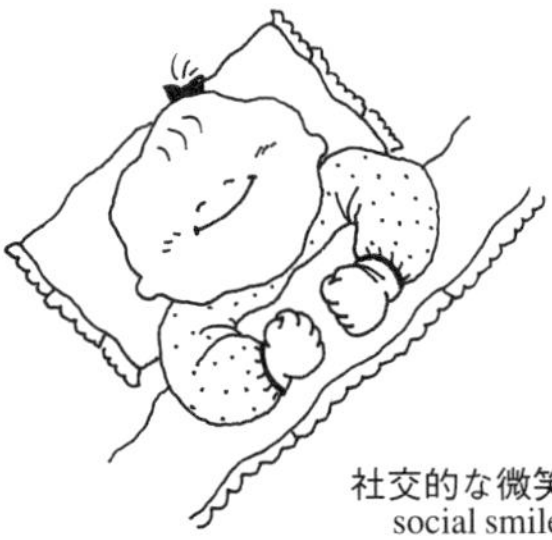

社交的な微笑み
social smile

コミュニケーション——自分の気持ちを伝える能力

次に紹介する言語パズルのピースは、「コミュニケーション」です。これは、だれかに自分の気持ちを伝えようとして意図的に働きかける能力のことです。

赤ちゃんは、お腹がすけば泣いてミルクをほしがるので、生まれたときからコミュニケーションをしているようにもみえます。ですから、「意図的なコミュニケーションができるようになるには時間がかかる」というと、驚く人も多いでしょう。けれども、生まれたばかりの赤ちゃんのコミュニケーションは、本能的なものにすぎません。赤ちゃんが自分の意志でなにかを伝えようとして行動を起こすのは、実は一歳の誕生日が近づくころになってからなのです。

たとえば、赤ちゃんが泣いているときのことを考えてみましょう。興味深いことに、赤ちゃんの泣き声は、生後間もないころから、泣いている理由によってちがって聞こえるようになります。お母さんは、こうしたちがいを自然に聞きわけて、赤ちゃんが痛くて泣いているときには、すぐ助けに向かい、お腹がすいて泣いているときには、今やっていることを急いでやり終えてから、赤ちゃんにオッパイやミルクをあげるようにします。この場合、赤ちゃんは本能的に泣いているだけで、意図的に泣き方を変えているわけではありません。それでも、お母さんたちが、赤ちゃんの泣き声を聞きわけ、赤ちゃんの要求を察して対応するので、赤ちゃんは自分の要求をみたすことができるのです。

けれども言語は、こうした本能的なコミュニケーションとは根本的に異なるものです。なぜなら言語は、相手になにかを伝えようとする意図的なコミュニケーションが基本となっているからです。

それでは、赤ちゃんのコミュニケーションが意図的なものかどうかは、どうすればわかるのでしょうか。手の届かないところにあるおもちゃがほしいとき、赤ちゃんは、お父さんやお母さんと目をあわせてから、おもちゃのほうを見ることがあります。この赤ちゃんの行動は、意図的なものです。赤ちゃんは、視線をつかって「おもちゃがほしい」と伝えようとしているのです。お父さんやお母さんが赤ちゃんの視線に気づきさえすれば、おそらく赤ちゃんはおもちゃをとってもらうことができるでしょう。

このように、なにかを伝えたいという気持ちが芽生えてくると、赤ちゃんは、なんとかして自分の気持ちを相手に伝えようとして、その方法を探しはじめます。自分のほしいものや望んでいることを相手に伝えたいという思い、それが言語をつかったコミュニケーションへとつながっていくのです。

概念の形成――言葉の意味を理解する能力

意図的なコミュニケーションができるようになると、赤ちゃんは言語パズルの三つ目のピースを埋めたことになります。次に赤ちゃんが埋めなければならないのは、この世の中にはどのようなものがあり、それについてコミュニケーションをしようと思ったら、どのような言葉でそれを表現すればいいのかを理解する「概念」のピースです。

たとえば、赤ちゃんが「イヌ」と「ネコ」というふたつの概念を身につけるときのことを考えてみましょう。

イヌはワンワンと吠えるけれど、ネコはニャーニャーとなく。
イヌはハアハアと息をして、ネコはペロペロなめる。
イヌは人なつこいが、ネコはプライドが高い。

こうした「イヌ」と「ネコ」のちがいは、大人からみれば当たり前のことのように思えるかもしれませんが、赤ちゃんにとって、これを理解するのは簡単なことではありません。赤ちゃんは、新しいものに出会うたびに、こうしたちがいをひとつずつ学びとっていかなければならないのです。

そのうえ、「イヌ」の特徴を覚えただけでは、まだ完全に「イヌ」の概念を理解したとはいえません。赤ちゃんは、チワワ、コリー、プードル、ダックスフントには、なんらかの共通点があり、これらはみんな「イヌ」という概念に含まれるということを理解しなければならないのです。それでも赤ちゃんは、いつのまにかこうした概念を身につけ、イヌよりもネコに似ていると思われるチワワを見ても、きちんと「イヌ」だとわかるようになります。同じようにして赤ちゃんは、この世に存在するさまざまなものの区別を理解していくのです。

では、赤ちゃんは、いったいどうやって、こんなにも複雑な概念を短期間で習得することができるのでしょうか。これは、赤ちゃんの言語発達における不思議のひとつだと言われています。私たちにわかっていることは、赤ちゃんは、新しい情報を次々と吸収しながら、それまでもっていた概念をそのたびに新しくつくりなおしている、ということだけです。

小さな赤ちゃんが、ウマもウシもヒツジも全部「イヌ」だと思ってしまったり、男の人をみんな「パパ」だと思ってしまうというのは、よくあることです。このことは、赤ちゃんの頭の中に、「イヌ」は四本足でしっぽがあるもの、「パパ」は大きな男の人、という基本的な概念がおぼろげながら生まれつつあることを示しています。赤ちゃんは、いろいろな経験をとおして、このあいまいな概念を少しずつはっきりした概念へとつくりなおしていきます。そうすることによって赤ちゃんは、イヌはイヌ、ウシはウシ、パパはお腹をくすぐったり夜寝かしつけたりしてくれる自分にとって大切な男の人だということを正確に理解していくのです。

言葉を正しくつかうためには、まず、その言葉がなにを意味しているのかをきちんと理解することが大切です。赤ちゃんが基本的な概念を理解できるようになるということは、頭の中にある言語パズルに、もう一枚、重要なピースが埋められたことを示しています。

シンボル――象徴を理解する能力

言葉は概念をあらわしているということを理解できるようになった赤ちゃんが、次に身につけなければならないのは、「シンボル symbol（象徴）」をつかう能力です。シンボルをつかう能力とは、あるものの本質や特徴を別のものであらわす能力のことです。

たとえば一ドル札はシンボルです。客観的にみると、一ドル札はただの紙切れでそれ自体に価値はありません。けれどもアメリカ人はみな、一ドル札がアメリカの富の一部を象徴しているものである、ということを知っています。そこではじめて一ドル札にシンボルとしての価値がうまれてくるのです。つまりシンボルというものは、それをつかう人たちが、これはなにを象徴しているかをおたがいに理解して、はじめて機能するものなのです。

言語もまたひとつのシンボルです。話し言葉は、私たちが伝えたいと思っている概念を象徴している音の組みあわせにすぎません。たとえば、私たちは別れるときに「バイバイ」と言いますが、言葉の意味のわからない人にとっては、これはただの音の羅列《られつ》でしかありません。けれども、私たちがこの言葉をつかうときには、その音の組みあわせがどういう意味をあらわしているかを話し手と聞き手がおたがいに理解しているので、「バイバイ」という言葉がシンボルとして機能して、その意味をきちんと伝えることができるのです。

赤ちゃんは、まだ言葉を話せないときから、シンボルをつかう能力を少しずつ身につけていきます。

赤ちゃんが、木のブロックを床の上で転がしたり、テディベアに木の棒でご飯を食べさせたりして遊んでいるのを見たことはありませんか？　そんなとき赤ちゃんは、ブロックや木の棒を、車やスプーンのシンボルとしてつかっています。このように赤ちゃんが、あるものをそれ以外のものにみたてて遊ぶことができるというのは、その赤ちゃんが、すでにシンボルをつかう能力をもっていることを示しています。

そして一歳をすぎるころになると、いよいよ赤ちゃんは、言葉をシンボルとしてつかうようになります。赤ちゃんは、まわりから聞こえてくる音と頭の中で育ちつつある概念とを結びつけながら、音声による言語的シンボルである話し言葉を獲得していくのです。こうして考えてみると、赤ちゃんが話し言葉をつかいはじめるということは、赤ちゃんの言語パズルに、「音遊び」や「社交性」、「コミュニケーション」、「概念」などの大切なピースがきちんと埋められたことのひとつの証《あかし》だと言えるでしょう。

2-2 話し言葉をつかわないコミュニケーション

さて、これまで赤ちゃんが言語パズルのピースを埋めながら言語を獲得していくようすをみてきましたが、ここで最初の疑問に立ちもどり、赤ちゃんの言語発達におけるベビーサインの役割について考えてみることにしましょう。

まず、第一章で、ほとんどの赤ちゃんは、話せるようになる前から、〈バイバイ〉や〈うん〉などのベビーサインをつかうようになる、とお話ししたことを思い出してください。さきほど、「バイバイ」という話し言葉が言語的シンボルとしてつかわれている例を紹介しましたが、私たちは「バイバイ」と言うかわりに手をふるだけでも、相手にメッセージを伝えることができます。つまり、手をふったり、うなずいたりするベビーサインも、話し言葉と同じように、自分の気持ちや言いたいことを伝えるための言語的シンボルとしての機能をもっているのです。

こうした身振りによる言語的シンボルのすぐれた点は、ろうの赤ちゃんの言語発達を考えると、よくわかります。ろうの赤ちゃんは聴覚に障害があるため、話し言葉を身につけるのは困難な場合が多いのですが、だからといって、その赤ちゃんが言語を獲得することができないというわけではありません。ろうの赤ちゃんの多くは、音声言語のかわりに手話という言語を獲得するのです。手話は、音声による言語的シンボルのかわりに身振りによる言語的シンボルをつかうだけで、その他の言語的な特徴をすべてかねそなえています。そのためろう者は、手話をつかって、私たちが話すときと同じように、自分の気持ちを伝えたり、この世のさまざまなことがらについて話をしたりすることができます。もちろん、ろうの赤ちゃんも手話を獲得していくときには、頭の中で言語パズルをつくっていきますが、このパズルに「話し言葉」のピースはありません。けれども、身振りによる言語的シンボルがそれと同じ役割を果たしているので、全体としては一枚の完成した絵になっているのです。

このように、手話やベビーサインのような身振りによる言語的シンボルは、話し言葉と同じ言語的な機能をもっていますが、話し言葉とは異なる点がひとつあります。それは、動きが簡単なものであれば、まだ話すことのできない小さな赤ちゃんでもつかえるということです。これまでお話ししてきたように、赤ちゃんが話し言葉をつかえるようになるまでには、時間がかかります。いずれは自由に話すことができるようになるとはいえ、それまでのあいだ伝えたいことがあるのに話すことができない、というもどかしい時間をすごしている赤ちゃんにとって、これは大きな魅力です。多くの赤ちゃんが、話し言葉をつかうようになるまえから、お父さんやお母さんが自然につかっているジェスチャーをまねるようになるのも、こうした理由からだと言えるでしょう。

ただし、さきほど例にあげた「バイバイ」や「うん」というのは、比較的発音しやすい言葉なので、赤ちゃんがこれらの言葉をベビーサインだけで伝える期間は、それほど長くはありません。ところが、話し言葉のなかには、赤ちゃんが発音しにくい言葉がたくさんあります。たとえば、赤ちゃんは動物

ベビーサインは、赤ちゃんが興味をもつほとんどのものにつかうことができます。この写真は、1歳6か月のレアンヌが、動物園でカンガルーを見たことを、体を上下させる動作で伝えようとしているところです。

園につれていってもらったり、動物の絵本を見たりしているうちに、「ゾウ」や「カンガルー」などの概念を理解し、そのことについてお父さんやお母さんと話したいと思うようになりますが、一歳になったばかりで「エレファント elephant」や「カンガルー kangaroo」と発音することのできる赤ちゃんが、いったい何人いるでしょうか。そんなとき、役に立つのがベビーサインです。鼻の頭にあてた人差し指を上下に動かしたり、体を上下させたりする動きなら、たいていの赤ちゃんが一歳になるまでにできるようになっているでしょう。

くりかえしになりますが、私たちは言語というと、ついつい話し言葉を思い浮かべてしまいます。でも、言語的シンボルは話し言葉だけではないということを、どうか心に留めておいてください。べビーサインは、身振りによる言語的シンボルの利点をいかし、話しはじめる前の赤ちゃんがつかえるコミュニケーションの手段として、さまざまなかたちで赤ちゃんの発達を手助けすることができるのです。

2-3 ベビーサインは言葉の習得を早めます

第一章で紹介したジェニファーのことを思いだしてください。あのとき、ジェニファーといっしょに絵本を楽しみながら、父親のマークは、ジェニファーの頭の中にある言語パズルについて、なにを知ることができたでしょうか。

ジェニファーが、マークとコミュニケーションしたいと思っていること、意図的にコミュニケーションする能力を身につけていること、「シマウマ」や「カバ」など、ひとつひとつの動物の概念を身につけていること、シンボルとはなにかをきちんと理解していること。マークは、ジェニファーとの会話をとおして、ジェニファーの言語パズルに、すでにこんなにも多くのピースが埋められていることを知りました。もし、これらのことを知る手がかりとなるベビーサインがなければ、マークは、ジェニファーが絵本のなかの動物を指差したり、笑いながら抱きついたりしてくれるだけで満足してしまっていたでしょう。

一方、ジェニファーは、マークとの会話からなにを学ぶことができたでしょうか。ジェニファーは、自分がいろいろな動物の名前を理解していること、ベビーサインをつかえば自分の気持ちや言いたいことが伝えられること、いろいろなものの名前が言えるようになるとお父さんが喜ぶこと、本には自分の知りたいことが書いてあることなどを知りました。そのうえ、マークの言葉を聞きながら、発音のしかたや文のつくりかたなど、話し言葉をつかうときに必要な知識を増やすこともできました。そしてなによりも、マークが自分のことをすばらしい娘だ、と思っていることを実感することができました。つまり、ふたりですごした夕食後のひとときは、マークにとってもジェニファーにとっても大切な実り多い時間となったのです。

これまでの研究で、ベビーサインをつかっている赤ちゃんは、つかわない赤ちゃんよりも知的発達が早いことが証明されていますが、ベビーサインが赤ちゃんのコミュニケーションに果たしている役割を考えると、それも当然のことだと言えるでしょう。たとえば、二歳の赤ちゃんをくらべた場合、ベビーサインをつかった赤ちゃんは、ベビーサインをつかってコミュニケーションができるというだけでなく、ベビーサインをつかわなかった赤ちゃんよりも平均して五十語ぐらい多くの話し言葉をつかえるようになっていました。つまり、ベビーサインをつかった赤ちゃんのほうが、話し言葉の習得が早かったわけです。このちがいは、赤ちゃんが成長してもなかなか埋まりません。ベビーサインをつかった赤ちゃんは、三歳になるとだいたい四歳レベルの話し言葉をつかうことができ、想像力や記憶力もすぐれているということが明らかになっています。

赤ちゃんの言葉を豊かにしつつ、発達を促し、親子の絆を深めてくれるベビーサイン。あなたも赤ちゃんといっしょにベビーサインをはじめてみませんか。

3 Getting Started with Baby Signs

さあ、ベビーサインをはじめましょう！

▼ベビーサインのことをくわしく知るまでは、手話を知らないとベビーサインはできないと思っていました。けれども実際につかいはじめてみると、私は自分がいままで知らず知らずのうちにいくつものベビーサインをつかっていたことに気がつきました。ベビーサインをつかうのは、とても簡単なことだったのです。

（一歳四か月のアンソニーの母）

私たちは、多くの人びとにベビーサインのことを知ってもらいたいと思い、各地でワークショップを開いてきました。ワークショップに参加して、ベビーサインが赤ちゃんの発達に役立つことを知ると、お父さんやお母さんは、積極的にベビーサインをつかうようになります。

本章では、いつからベビーサインをつかいはじめればいいのか、どんなベビーサインから教えればいいのか、そしてどの程度つかうようにすればいいのか、などについてお話ししましょう。

3-1 ベビーサインをはじめる時期は赤ちゃんが教えてくれます

赤ちゃんが身のまわりのものについて話したがっているようすがみられたら、すぐにベビーサインをつかいはじめてください。こうした変化は、ふつう九か月から十か月の赤ちゃんにみられることが多いのですが、もっと早くから興味を示す赤ちゃんもいれば、なかなか関心を示さない赤ちゃんもいます。首がすわる時期や、歩きはじめる時期など、すべての発達に個人差があるように、コミュニケーションに関心をもちはじめる時期も赤ちゃんによってちがいます。ですから、赤ちゃんの月齢にこだわる必要はありません。月齢よりも大事なことは、赤ちゃんのなかでベビーサインをつかう準備が整っているかどうかです。そしてそれを判断してあげることができるのは、赤ちゃんのもっとも身近にいるあなただけなのです。

では、赤ちゃんが話をしたいと思っていることを知るためには、どのようなことに気をつければいいのでしょうか。ひとつのわかりやすい変化は、赤ちゃんが身のまわりの人やものに、急に関心を示すようになることです。人やものに興味をもちはじめると、赤ちゃんはいろいろなものを指差したり、まるでそれがなにかをたずねているかのように「あっ、あっ」という声をだしたりするようになります。

公園に行ったとき、赤ちゃんがすべり台やブランコ、ベビーカーに乗っている他の赤ちゃんを指差すことはありませんか？　あるいは、興味のあるものをもってきて、あなたに見せようとすることはありませんか？　そんなとき、あなたはきっと、「すべり台ね」、「あれはブランコよ」、「赤ちゃんがいるわね」などと言って、赤ちゃんが知りたがっていることを教えてあげるでしょう。こうした出来事は、赤ちゃんが身のまわりの世界について、あなたと話したいと思っていることのあらわれで、赤ちゃんにベビーサインをつかう準備ができていることを知るてがかりとなります。

また、同じころにみられるもうひとつの変化として、赤ちゃんが絵本に興味をもちはじめるということがあげられます。それまでの赤ちゃんは、絵本を見るよりも、噛んだり破ったりして遊ぶことのほうが多いものですが、このころを境に、それぞれのページに描かれた絵に関心を向けはじめます。赤ちゃんが絵に興味をもつようになると、あなたは、赤ちゃんがまだ話せないと知りつつも、「これはなあに?」と言って、絵を指差しながら赤ちゃんに話しかけるようになるでしょう。ときには赤ちゃんのほうが、お気に入りの絵を指差して、まるで名前を教えてほしいとねだっているかのような目であなたをみつめることもあるはずです。

赤ちゃんのようすをよく観察してください。赤ちゃんの行動の変化が、ベビーサインをつかいはじめるのにちょうどよい時期を教えてくれるのです。

それでは、赤ちゃんが話し言葉をすでにつかいはじめている場合はどうでしょう。もうベビーサインをつかう時期を逃してしまったのでしょうか。そんなことはありません。赤ちゃんが話し言葉をつかいはじめていても、ベビーサインが役に立つことはたくさんあります。なぜなら、赤ちゃんがはじめに身につける話し言葉は、いくつかの簡単なものにすぎないからです。赤ちゃんの話し言葉が増えて、言いたいことをきちんと伝えられるようになるまでには、まだまだ時間がかかります。多くの赤ちゃんと接してきた経験から、私たちは、二歳半までの赤ちゃんならだれでもベビーサインを役立てることができると考えています。

前にもお話ししたように、動物園に行ったり、公園で遊んだり、本を読んだりしているうちに赤ちゃんは、「クロコダイル crocodile（ワニ）」や「ジラフ giraffe（キリン）」や「スウィング swing（ブランコ）」などに興味をもち、話したいと思うようになります。けれども、これらの単語は、赤ちゃんにとって発音しにくいものなので、すでにいくつかの話し言葉をつかいはじめている赤ちゃんでも、なかなか上手には話すことができません。そんなとき、ベビーサインがあれば、赤ちゃんは発音しにくい話し言葉につまずくことなく、自分の話したいことを伝えることができます。つまり、ベビーサインをつかえば、赤ちゃんは話し言葉だけでは話せないようなことまで話すことができるようになるのです。

3-2 ベビーサインは簡単

日常的につかっているベビーサイン

まず最初に、あなたや赤ちゃんが自然につかっているジェスチャーについて、ちょっと考えてみてください。おそらくあなたは、自分がいままで知らず知らずのうちに、いくつかのベビーサインをつかってきたことに気がつくでしょう。

たとえば、これまでにも例にあげた〈バイバイ〉というベビーサイン。遊びにきてくれたおばあちゃんが帰るときなどに、赤ちゃんがはじめて手をふったのを見て大喜びしたという経験は、だれにでもあるのではないでしょうか。それから、「はい」と言うときにうなずいたり、「いいえ」と言うときに首を横にふったりするベビーサインも、私たちの生活にすっかりとけこんでいます。お父さんやお母さんは、意識的にこうしたベビーサインを教えているわけではありませんが、赤ちゃんは、毎日の生活のなかでくりかえし見ているうちに、いつのまにか覚えて、自分でもそのベビーサインをつかうようになるのです。

また、私たちはよく、だれかが寝ていることを伝えるときに、「シーッ」と言いながら人差し指を唇にあてますが、これもベビーサインのひとつです。赤ちゃんは、お父さんやお母さんがふだん何気なくつかっているしぐさをまね、お父さんやペットが寝ていることを伝えるときに、同じしぐさをするようになります。

あなたが無意識のうちにつかっているこうしたジェスチャーに、少し注意を払ってみてください。そして、赤ちゃんがそれをまねて、あなたに話しかけようとしたときには、心からほめてあげましょう。赤ちゃんは、生まれたばかりのころから、お父さんやお母さんのジェスチャーを目にしているので、それが赤ちゃんのベビーサインの入り口となることが多いのです。

ビギナーサインからはじめましょう

ベビーサインは赤ちゃんの発達に役立ちそうだし、簡単でおもしろそうだからやってみようと思っても、どんなベビーサインからはじめればいいのかがわからないと、最初の一歩はなかなか踏みだせないものです。

これまでの研究結果と、自分たちが子どもを育ててきた経験から、赤ちゃんに教える最初のベビーサインとして私たちがおすすめするのは、〈ぼうし〉〈鳥〉〈花〉〈魚〉〈もっと〉の五つのビギナーサインです。どれも簡単で日常的につかえるものばかりですから、このビギナーサインを話し言葉といっしょにつかいながら、ベビーサインをつかって「話す」感覚を味わってみてください。

（1）ぼうし……開いた手のひらで頭を軽くたたく。
（2）鳥……横に広げた両手または片手をはばたくように動かす。
（3）花……花の匂いをかぐまねをする。
（4）魚……唇を開けたり閉めたりしながら「パッパッ」という音をたてる（魚の口の動き）。
（5）もっと……人差し指で反対の手のひらを何度か軽くたたく。

ぼうし
hat

鳥
bird

花
flower

ただし、この五つのベビーサインは、あくまでも一例にすぎません。まったくちがうベビーサインでもかまいませんし、例としてあげた動作を、自分たちのつかいやすいように変えるのも自由です。大切なのは、きまったベビーサインを正しくつかうことではなく、赤ちゃんとお母さんがいっしょにベビーサインをつくりだしながら、気持ちをかよいあわせていくことなのです。

また、この五つのベビーサインのうち、赤ちゃんがすでに話し言葉で言えるようになっているものがあれば、そのベビーサインをつかう必要はありません。それよりも、赤ちゃんがまだ話し言葉では言えないものをあらわすベビーサインを教えてあげるようにしましょう。たとえば、赤ちゃんがすでに「ぼうし」と言えるようになっているのなら、ぼうし以外のものをあらわすベビーサインを選ぶようにすればいいのです。次に、いくつかの候補をあげておきましょう。

魚
fish

もっと
more

（1）ネコ……手の甲をもう一方の手でなでる（ネコをなでている動作）。

（2）イヌ……舌をだしながらハアハア息をする（イヌが息をしているようす）。

（3）哺乳びん・飲みもの……親指を立てて唇にあて、そのままあごをそらす（なにかを飲んでいる動き）。

（4）なくなった……下に向けた手のひらを腰のあたりで左右にふる。

（5）アヒル……そろえて伸ばした四本の指と親指をくっつけたり離したりする（アヒルのくちばしの動き）。

これ以外のベビーサインをつかいたいときには、第九章で紹介しているベビーサインから選ぶか、あなた自身で新しいベビーサインを考えてみてください。あなたと赤ちゃんにとって、つかいやすくて役に立つベビーサインを選べ

ネコ
cat

イヌ
dog

哺乳びん・飲みもの
bottle / drink

ば、それが一番なのです。

話し言葉といっしょにつかいましょう

なくなった
all gone

アヒル
duck

あなたが話し言葉とベビーサインをいっしょにつかっていると、赤ちゃんは、コミュニケーションの方法はひとつではなく、「話し言葉」と「ベビーサイン」というふたつの方法があるということに、しだいに気づいていきます。そして、そのふたつの方法から、自分のつかいやすいほうを選ぶようになります。

たとえば、「ボール ball」や「アップ up（上）」は、ほかの言葉とくらべると発音しやすい言葉なので、赤ちゃんはベビーサインをつかうことなく、はじめから話し言葉で「ボール」や「アップ」と言いはじめることもあるでしょう。逆に「フラワー flower（花）」のように発音しにくい言葉の場合、赤ちゃんが〈花〉というベビーサインを先につかいはじめる可能性が高くなります。

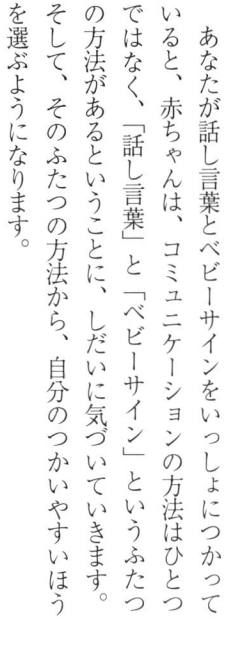

ただし、赤ちゃんが話し言葉よりも先にベビーサインをつかいはじめたとしても、赤ちゃんはあなたの話し言葉を聞き流しているわけではありません。赤ちゃんは、ベビーサインをつかいながらも、少しでも早くその言葉を話せるようになろうと、あなたの言葉にじっと耳を傾けているのです。ですから、赤ちゃんに話しかけるときは、つねに話し言葉とベビーサインをいっしょにつかうように心がけてください。

赤ちゃんはほめられるとやる気になります

赤ちゃんは、お父さんやお母さんにほめられたり、はげましの言葉をかけてもらったりするのが大好きです。赤ちゃんがベビーサインをつかいはじめたら、たくさんほめてあげましょう。たとえ、そのしぐさがぎこちなくても、お父さんやお母さんが「上手にできたね」と微笑んであげるだけで、赤ちゃんは、もっとがんばろうという気持ちになります。そして、ほめられればほめられるほど、赤ちゃんはますます積極的にベビーサインを覚えようとするはずです。

大切なことは、あなた自身がベビーサインでのコミュニケーションを楽しむことです。そうすれば赤ちゃんも喜んでベビーサインをつかうようになるでしょう。

ベビーサインを生活にとりいれましょう

当然のことですが、ベビーサインを目にする機会が多ければ多いほど、赤ちゃんはそれだけ早くベビーサインを覚えることができます。赤ちゃんが毎日、自然にベビーサインを目にすることができるように、ベビーサインを日常生活のなかに組みこんでしまいましょう。

オムツを替えるときやごはんのとき、お風呂、寝る前のお話の時間は、ベビーサインをつかういい機会です。オムツを入れておく箱にイヌの絵を貼っておき、オムツを替えるたびに話し言葉とベビーサインでイヌについて話すようにしましょう。お話の時間に、イヌの絵本を読んであげるのもいいでしょう。お皿の下に敷くランチョンマットに鳥の絵が描いてあるものをえらんだり、食事用のエプロンに花がついているものをつかったりして、ごはんのたびに赤ちゃんがベビーサインを目にするように工夫するのも効果的です。お風呂場に魚のおもちゃをおいたり、冷蔵庫に魚のマグネットをつけておくのもいいですね。おやつには動物クッキーを食べ、お皿がカラになったら、ベビーサインをつかって〈もっと〉ほしいか聞いてみましょう。

手元にある絵やおもちゃなど、利用できるものはなんでも利用して、ベビーサインを毎日の生活のなかにとりいれるようにしてください。そうすれば、特別にベビーサインを教える時間をつくらなくても、赤ちゃんはくりかえしベビーサインを目にするようになります。

また、ベビーサインをつかうチャンスは、家の外にもたくさんあります。公園の鳥、近所に咲いている花、ショッピングセンターで売っているイヌのおもちゃ、病院の待合室にある水槽のなかの金魚。ちょっと注意をはらうだけで、外出先でもたくさんのベビーサインをつかうことができるのです。そのうち、ベビーサインがあまりにも自然に生活のなかにとけこんでいることに気づいて、きっと自分でも驚いてしまいますよ。

ベビーサインを教えるときのポイント

ベビーサインをつかって赤ちゃんに話しかけるときに、大切なことがふたつあります。それは、同じベビーサインを何度もくりかえしてつかうことと、ひとつのベビーサインをいろいろな場面でつかうようにすることです。

〈同じベビーサインをくりかえしつかうこと〉

木の枝に鳥がとまっていることを赤ちゃんに伝えようとするとき、あなたなら、どんなふうに話しますか。きっと、「鳥さんよ。ほら、鳥さん。木の枝に鳥さんがいるの、見える?」というように、「鳥」という言葉を何度もくりかえしながら、話しかけるのではないでしょうか。

このように、赤ちゃんに話しかけるときには、キーワードとなる言葉をくりかえしてあげることが大切です。これはベビーサインをつかうときも同じです。さきほどの例で言えば、「鳥」という言葉を言うたびに、〈鳥〉のベビーサインをくりかえしてあげるようにするのです。最初のうちはむずかしいかもしれませんが、慣れてくると自然に、話し言葉とベビーサインを同時につかうことができるようになります。

あるものをあらわすのに、何度も同じベビーサインを目にしたり、同じ話し言葉を耳にしたりしているうちに、赤ちゃんは、あるものとベビーサイン、そして話し言葉のあいだに、特別な結びつきがあることに気づきはじめます。こうして赤ちゃんは、ものにはすべて名前がある、ということを理解していくのです。

〈ひとつのベビーサインをいろいろな場面でつかうこと〉

あなたの家にペットのイヌがいて、〈イヌ〉というベビーサインを赤ちゃんに教えようと思ったら、ペットのイヌをあらわすときだけでなく、イヌのおもちゃやイヌの絵を見たときなどにも〈イヌ〉のベビーサインをつかうようにしましょう。そのうちに赤ちゃんは、仲良しのペットだけでなく、いろいろなイヌをあらわすときにこのベビーサインがつかえることに気づいていきます。

〈もっと〉というベビーサインを教えたいなら、「もっとクラッカーがほしいの?」とか「もっとジュース飲む?」、「この本、もう一回読みたいの?」など、さまざまな場面で〈もっと〉のベビーサインをくりかえすといいでしょう。〈なくなった〉というベビーサインは、ミルクを飲み終えたときにも、飛行機がとんでいってしまったときにも、そして、お風呂の水が排水口から流れていってしまったときにもつかうことができます。

あなたが、いろいろな場面で同じベビーサインをくりかえしつかっているうちに、赤ちゃんは、どんなときにそのベビーサインをつかったらいいのかを学んでいきます。そしてやがては、同じベビーサインであらわすものには、なんらかの共通点があることに気づくようになります。つまり、「イヌ」と「ネコ」、「熱い」と「冷たい」、「上」と「下」などの概念が赤ちゃんのなかに生まれてくるのです。ベビーサインをつかうことで、赤ちゃんは身のまわりのものにより関心をもつようになり、早い時期からさまざまな概念を身につけることができるようになります。そして、こうして身につけた概念が、ブロックのようにつみかさなり、赤ちゃんの知恵を育てていくのです。

3-3 赤ちゃんは少しずつベビーサインをつかう準備をしています

ベビーサインをつかえるようになるまえから、赤ちゃんは、あなたがつかうベビーサインに興味をもって、少しずつベビーサインをつかう準備をはじめています。

私たちが、ベビーサインをつかいはじめたばかりのころ、「ほら、お花、これがお花よ」と言いながら、花の匂いをかぐ動作をくりかえす私たちを、子どもたちは食い入るようにみつめていました。あの期待に満ちたまなざしは今も忘れることはできません。あなたの赤ちゃんも同じはずです。最初のうちは、あなたのベビーサインを不思議なものを見るような目で、じーっとみつめることでしょう。そしてそのうちに、今度はどんなベビーサインをするのかと期待するような目で、あなたをみつめるようになるはずです。ときには、おもちゃや絵本をもってきて、まるで「ベビーサインを教えて」と言っているかのように、あなたをみつめることもあるでしょう。

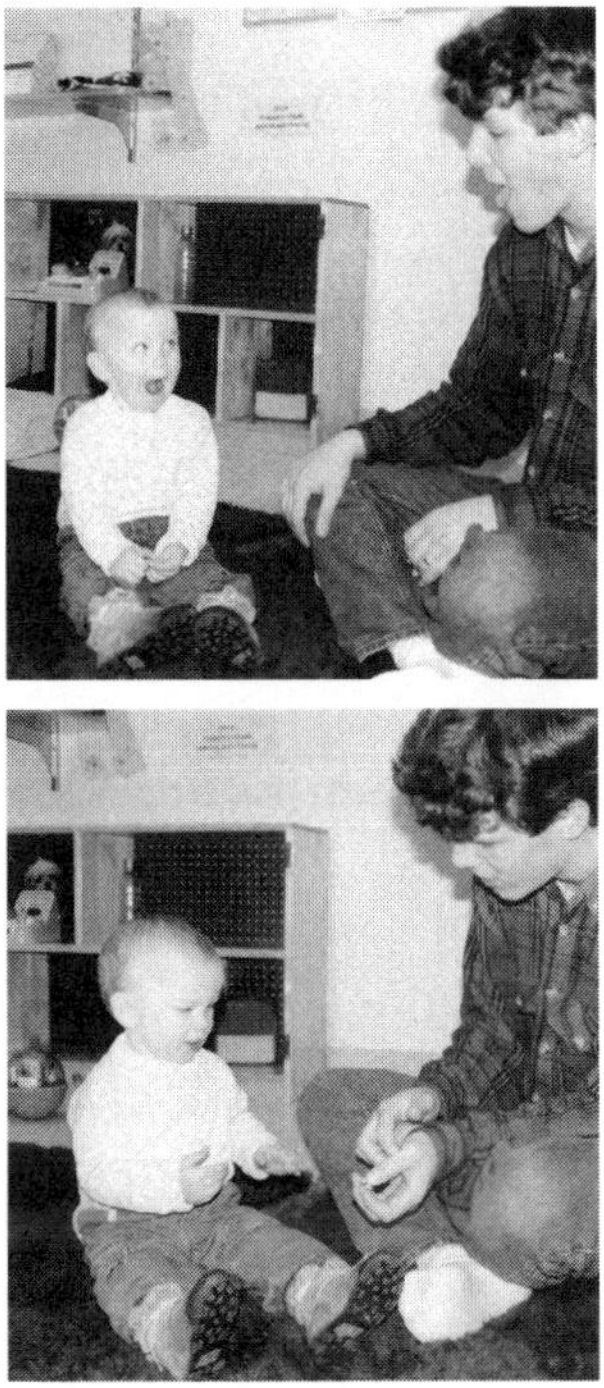

この２枚の写真は、ニサのお父さんが〈カエル〉と〈中〉というベビーサインを教えているところです。お父さんの顔や手を懸命にみつめているニサの視線に注目してください。

赤ちゃんにこうした行動がみられるようになったら、それは、ベビーサインがあなたと赤ちゃんを結びつける大切なものだということに、赤ちゃんが気づきはじめているということです。赤ちゃんは、どんな目をして、どんなふうにあなたを見ているでしょうか。赤ちゃんのまなざしや、成長にともなっておきる変化をみのがさないようにしてあげてください。

また赤ちゃんは、自分ではまだ話すことができないときから、多くの話し言葉を理解しています。それと同じように、赤ちゃんはベビーサインがつかえるようになるまえから、ベビーサインの意味を理解しはじめます。あなたが〈イヌ〉のベビーサインをあらわしたときに、赤ちゃんがイヌのほうを見たり、唇で「パッパッ」という音をたてたときに、おもちゃの魚をもってきたりしたら、それは、赤ちゃんがベビーサインの意味をきちんと理解しているということなのです。

そして、赤ちゃんがあなたのベビーサインをまねようとしはじめたら、それはいよいよ赤ちゃんのなかでベビーサインをつかう準備が整ってきたということです。赤ちゃんが、ベビーサインをつかって話そうとしてがんばっているようすをあたたかくみまもってあげてください。たとえそのベビーサインがどんなにぎこちなくても、笑顔でほめてあげるようにしましょう。赤ちゃんがはじめて言葉を話すとき、たどたどしくなるのは当たり前のことです。「ボール」という言葉を「バーア」と言ったりしながら、赤ちゃんは話し言葉を身につけていきます。ベビーサインにも同じことがいえるのです。

例として、ディリオンが〈アヒル〉というベビーサインをつかいはじめたときのことをお話ししましょう。

ディリオンのお父さんとお母さんは、私たちが紹介したベビーサインをつかって、四本の指と親指をくっつけたり離したりする動きで〈アヒル〉をあらわしていました。ところが、ディリオンは、グーとパーをくりかえすベビーサインで〈アヒル〉をあらわしはじめたのです。けれども、お父さんとお母さんは、ディリオンが〈アヒル〉をあらわそうとしていることがすぐにわかったので、ディリオンの成長を心から喜んであげました。

ディリオンのベビーサインは、教えたものとは少しちがっていましたが、そんなことは問題ではありません。たとえ、ディリオンのベビーサインがこのままで、大人と同じベビーサインにならなかったとしても、それはそれでかまわないのです。ベビーサインの目的は、スムーズなコミュニケーションを楽しむことであって、ベビーサインをうまくあらわすことではありません。それを忘れないでください。

3-4

ベビーサインをつかいはじめるまでの時間は赤ちゃんによってちがいます

ところで、赤ちゃんがベビーサインをつかえるようになるまでには、いったいどれくらいの時間がかかるのでしょう。何日？　何週間？　それとも何か月もかかるのでしょうか？

赤ちゃんがベビーサインを覚えるのに必要な時間というのは、赤ちゃんによってちがうので、ここで一概にお答えすることはできません。私たちがこれまでに出会った赤ちゃんたちをふりかえってみても、数日でつかいはじめた赤ちゃんから、何か月もかかった赤ちゃんまでほんとうにさまざまでした。

赤ちゃんがベビーサインをつかいはじめるまでの時間を決定する要因はたくさんありますが、なかでも大きな要因となるのは、ベビーサインを教えはじめたときの赤ちゃんの月齢と、それぞれの赤ちゃんの個性です。ここでは、赤ちゃんの月齢や個性のちがいが、ベビーサインの習得にどのような影響をあたえるのかについて、考えてみることにしましょう。

月齢——赤ちゃんを「言葉のお風呂」に入れてあげましょう

ベビーサインを教えはじめたときの赤ちゃんの月齢によって、赤ちゃんがベビーサインをつかいはじめるまでの時間には大きなちがいがでてきます。赤ちゃんが幼ければ幼いほど、最初のベビーサインがでてくるまでには時間がかかるのがふつうです。

その理由は、はじめて赤ちゃんにおもちゃのガラガラを握らせるときのことを考えれば、よくわかるでしょう。目の焦点もあわない生後二、三か月の赤ちゃんにガラガラをもたせようとしても、うまく握ることができず、すぐに落としてしまいます。ところが、生後五、六か月になると、はじめはぎこちなくても、すぐにガラガラを握って遊ぶことができるようになります。このように、ものをつかむという簡単な動作であっても、小さな赤ちゃんにとってはむずかしいものです。ものをつかむためには、つかもうとするものを見て、そこに自分の手をもっていき、適度な力でそれを握るという複雑な動きを組みあわせる必要があるからです。

ベビーサインを身につけるときにも同じことが言えます。赤ちゃんが小さければ小さいほど、記憶する力や手を動かす力、心を集中させる力がまだ発達していないので、最初のベビーサインをつかいはじめるまでには、時間がかかります。そのために、月齢の高い赤ちゃんのほうが、生後まもない赤ちゃんよりも、ベビーサインを短期間で身につけることができるわけです。

そう言うと、なかには「大きくなってから教えたほうが早くベビーサインを習得できるのなら、もう少し大きくなってからはじめよう」と考える人もいるでしょう。けれども、ベビーサインでのコミュニケーションは、赤ちゃんがベビーサインをつかえるようになったときからはじまるわけではありません。それは、あなたがつかうベビーサインを赤ちゃんがじっとみつめているときからはじまっているのです。もし、赤ちゃんが大きくなるまでベビーサインを教えずにいたとしたら、赤ちゃんがベビーサインを学ぶ時機を失し、赤ちゃんとのコミュニケーションを楽しむせっかくの機会を逃してしまうことにもなりかねません。

しかも、逃してしまうのは、コミュニケーションの機会だけではないのです。さきほど、ベビーサインは赤ちゃんの話し言葉の獲得に役立つ、と話したことを思い出してください。赤ちゃんが話し言葉をつかえるようになるためには、その言葉を何度も耳にすることが大切ですが、これまでの研究で、ベビーサインをつかいはじめたお母さんたちは、それまで以上に赤ちゃんに話しかけるようになることがわかっています。ベビーサインをつかって、ものの名前を教えたり、赤ちゃんにいろいろな質問をしたりしているうちに、赤ちゃんへの話しかけがどんどん増えていくのです。

ベビーサインをつかって赤ちゃんに話しかけるということは、赤ちゃんを「言葉のお風呂」に入れるようなものだ、と私たちは考えています。赤ちゃんは「言葉のお風呂」のなかで、何度も同じ言葉を耳にするうちに、たとえ自分ではまだうまく発音できなくても、その音を少しずつ記憶のなかにきざみつけていきます。そして、口の動きがうまくコントロールできるようになると、その記憶をつかって、赤ちゃんは言葉を口にするようになるのです。つまり、赤ちゃんが大きくなってからベビーサインをつかいはじめるということは、赤ちゃんを「言葉のお風呂」に入れる時期を遅らせてしまうことにもなるのです。ですから、たとえ月齢の低い赤ちゃんであっても、赤ちゃんがまわりのものに興味をもち、あなたとコミュニケーションをしたがっているのなら、ベビーサインをつかって話しかけてあげることには大きな意味があるといえるでしょう。

個性——ひとりひとりの「ちがい」を大切に

赤ちゃんの月齢は、赤ちゃんがベビーサインを習得するのにかかる時間を左右する大きな要因のひとつですが、たとえ月齢が同じ赤ちゃんでも、それぞれの赤ちゃんがベビーサインを習得していくスピードには、個人差があります。それは、赤ちゃんが、ひとりひとりちがった個性をもっているからです。

ここで、サマンサとロビンというふたりの女の子の例を紹介しましょう。

サマンサのお母さんは、サマンサが一歳になったときから、ベビーサインをつかいはじめました。そのころからサマンサは、いろいろなものに興味をもつようになってきたので、ベビーサインをはじめるのにちょうどいい時期だと考えたからです。予想どおりサマンサは、すぐにベビーサインに興味を示し、ベビーサインを教えはじめてからたった二週間で〈花〉というベビーサインをつかって、お母さんを驚かせました。

その後もサマンサのベビーサインは、どんどん増えつづけ、二か月のあいだに二十以上のベビーサインがつかえるようになりました。それと同時にサマンサは、話し言葉もつかうようになり、一歳二か月になるころには、私たちが出会ったなかで、もっとも「おしゃべり」な女の子に成長していました。

いっぽうロビンは、明るくて、おもちゃで遊ぶのが大好きな女の子でした。そのうえ、人なつっこく、だれにでもニコニコ笑いながら近よっていく外向的な子どもでした。ロビンのお母さんは、ロビンが一歳になったころからベビーサインをつかいはじめ、あらゆる機会を利用して、熱心にベビーサインをつかうようにしましたが、なぜかロビンは、なかなかベビーサインをつかおうとはしませんでした。

ロビンがはじめてベビーサインをつかったのは、それから二か月がすぎた感謝祭の夕食のときでした。テーブルに飾られたきれいな花を見つめていたロビンが、お母さんの方を向いて、花の匂いをかぐ動作をしてみせたのです。そのときのロビンは、なにかを発見したようなうれしそうな顔をしていた、とロビンのお母さんは話していました。

サマンサが二週間でベビーサインをつかいはじめたのにくらべて、ロビンは最初のベビーサインをつかいはじめるまでに二か月もかかってしまいましたが、その後ロビンは、まるでスポンジが水を吸いこむようにベビーサインを覚え、三週間後には十五のベビーサインをつかうことができるようになりました。そして、一歳六か月になって、話し言葉をつかいはじめるまでに、さらに三十五のベビーサインを覚え、全部で五十ものベビーサインがつかえるようになっていたのです。ロビンのお母さんの辛抱づよいがんばりが報われたといえるでしょう。

なぜ、ベビーサインをつかいはじめるまでの時間にロビンとサマンサで、こんなにも差ができてしまったのかはわかりません。赤ちゃんがベビーサインを覚えるまでの時間というのは、赤ちゃんの月齢や個性を含め、両親がベビーサインをつかう頻度や赤ちゃんの性格や好みなど、さまざまな要因によってきまってくるとしかいいようがないのです。

私たちにできるアドバイスは次の三つだけです。まず赤ちゃんのようすをよく観察して、その変化をみのがさないようにすること、簡単なビギナーサインからはじめること、そして楽しみながら、根気よくベビーサインをつかいつづけることです。そうすれば、たとえ赤ちゃんがベビーサインをつかいはじめるまでに時間がかかったとしても、ベビーサインをつかった話しかけをとおして、あなたは赤ちゃんの頭にたくさんの栄養をそそぎこむことができます。そして自然な会話のなかで、赤ちゃんがつねにベビーサインを目にするようにしていれば、いつの間にか赤ちゃんも自分からベビーサインをつかいはじめるようになるでしょう。あなたの赤ちゃんが、サマンサのようなタイプだったとしても、ロビンのようなタイプだったとしても、ベビーサインがとても楽しく、そのうえ赤ちゃんの成長にとってプラスになることはまちがいありません。

4 Moving Beyond the "Beginner" Signs

ビギナーサインからベビーサインへ

赤ちゃんがベビーサインに慣れ、いくつかのビギナーサインをつかいはじめたら、新しいベビーサインを四つか五つ選んで教えてあげてください。その新しいベビーサインを赤ちゃんがつかえるようになったら、さらにいくつかのベビーサインを教えて、次々とベビーサインの数を増やしていきましょう。

ただし、ベビーサインは、早く覚えた赤ちゃんが勝ちとか、たくさん覚えた赤ちゃんが勝ちなどという勝ち負けのある競争ではありません。早く歩きはじめる赤ちゃんもいれば、長くハイハイをして

から歩きはじめる赤ちゃんもいるように、ベビーサインをつかいはじめる時期も赤ちゃんによってまちまちです。ゆっくり、あせることなく、赤ちゃんのペースにあわせてあげましょう。そうすれば、いつのまにか赤ちゃんとあなたは、ベビーサインで自由に話ができるようになっているはずです。

4-1 新しいベビーサインの選び方

赤ちゃんが大好きなものをベビーサインにしましょう

赤ちゃんがビギナーサインをつかえるようになってきたら、次はどんなベビーサインを教えてあげればいいのでしょうか。それを知るために、まず赤ちゃんがなにに興味をもっているのか、つまり赤ちゃんがあなたと話したいと思っていることはなんなのかを考えてみてください。

赤ちゃんが好きな食べものはなんですか？　お気に入りのおもちゃは？　動物園に行ったり、絵本を読んだりしているとき、いちばん興味をもっている動物はなんでしょう？

ミッキーマウス、ボール、ブランコなど、赤ちゃんの身近にあるもので、赤ちゃんが話したいと思っているものをベビーサインであらわすようにすれば、赤ちゃんもそのベビーサインを喜んでつかうようになるでしょうし、親子の会話も増えていくはずです。

ここで、自分たちの生活のなかから赤ちゃんが必要としているベビーサインを考えだし、それを赤ちゃんとのコミュニケーションに役立てているふたつの家族を紹介しましょう。

トラクター
tractor

コーディの家は、農場を経営しています。お父さんが毎朝トラクターに乗って仕事にでかけるので、一歳二か月のコーディはトラクターにとても興味をもっていました。

そこで、コーディの両親は、ハンドルをきるしぐさを〈トラクター〉のベビーサインとしてつかうことにしました。するとコーディは、このベビーサインをすぐに覚え、お父さんが畑から帰ってくるのを見ると、ベビーサインでそれをお母さんに伝えることができるようになりました。〈トラクター〉のベビーサインを得意そうにつかうコーディを見ながら、「そうね、トラクターがきたわね」とお母さんも笑顔で答えます。

一歳二か月のアニャは、学校の先生であるお父さんとお母さんが、家でコンピューターをつかうのを、いつも興味津々で眺めていました。アニャのお気に入りは、文字が出たり消えたりするモニターで、コンピューターの前に座らせてもらっては、キーボードをカチャカチャたたいて遊んでいました。けれども、アニャにとっても両親にとっても、ストレスになることがひとつありました。それは、コンピューターをつかいたいと思っても、アニャにはそれをうまく伝える方法がなかったことです。アニャは、「あっ、あっ」という声をだして、それを伝えようとするのですが、「あっ、あっ」という声は、「お腹がすいた」から「あそこに怖い犬がいる」まで、あらゆる場面でつかわれていたので、両親にはアニャがなにを望んでいるのか、なかなか理解することができませんでした。そのためアニャは、いらいらして泣き叫ぶしかなかったのです。

そこで、お父さんとお母さんは、指を広げてタイプを打つしぐさを〈コンピューター〉というベビーサインにすることにしました。やっと自分の気持ちを伝える方法をみつけたアニャは、大喜びで〈コンピューター〉のベビーサインをつかうようになりました。ベビーサインは、アニャと両親を大きなストレスから解放してくれたのです。

日常生活に役立つベビーサインを考えましょう

新しいベビーサインを考えるときには、赤ちゃんが興味をもっているものだけでなく、あなたにとって役に立つベビーサインを選ぶことも大切です。

とくに、日常生活でよくつかうものをベビーサインであらわすようにすると便利です。赤ちゃんが〈クラッカー〉や〈飲みもの〉などのベビーサインをつかえるようになれば、お腹がすいたときや喉がかわいたとき、赤ちゃんは泣き叫ぶことなく、自分のほしいものを伝えられるようになります。クラッカーやミルクがなくなったときには、からっぽのお皿や哺乳びんをふりまわすかわりに、ベビーサインで〈もっと〉と言えばいいのです。

また、危険なことを知らせるベビーサインは、とても役に立ちます。

キーガンは、一歳のころから、暖炉やバーベキューコンロに興味をもちはじめました。やけどを心配した両親は、息を吹きかける動作で〈熱い〉というベビーサインを教えることにして、キーガンが暖炉やコンロに近づくたびに「熱い」という言葉といっしょに、〈熱い〉というベビーサインをつかうようにしました。キーガンはこのベビーサインをすぐに覚えて、暖炉やコンロを見ると、自分から〈熱い〉というベビーサインをするようになりました。そして、食べものやお風呂のお湯が熱すぎるときにも、〈熱い〉と伝えることができるようになったのです。

ある夏の日、よちよち歩きのキーガンは、お母さんといっしょにプールサイドを歩いていました。すると突然、キーガンが立ち止まり、懸命に息を吹きかける動作をはじめました。赤ちゃんのキーガンがはだしで歩くには、プールサイドは熱すぎたのです。キーガンのベビーサインの意味がわかったお母さんは、すぐにキーガンを抱きあげました。あのまま熱いプールサイドを歩かされていたら、キーガンはきっと泣きだしてしまったでしょう。ベビーサインのおかげで、ふたりは楽しい時間をだいなしにせずにすんだのです。

危険を知らせるベビーサインには、このほかにも、壊れやすいものをさわるときにつかう〈そっと〉や、とがったピンやこわれたガラスなどをあらわす〈痛い〉などがあります。また、赤ちゃんは、地面におちているゴミを宝物のように拾い集めようとすることがありますが、そんなときは〈ゴミ〉や〈きたない〉というベビーサインをつかうといいでしょう。

このように、ベビーサインは、〈花〉や〈鳥〉をあらわして赤ちゃんとの会話を楽しむだけではな

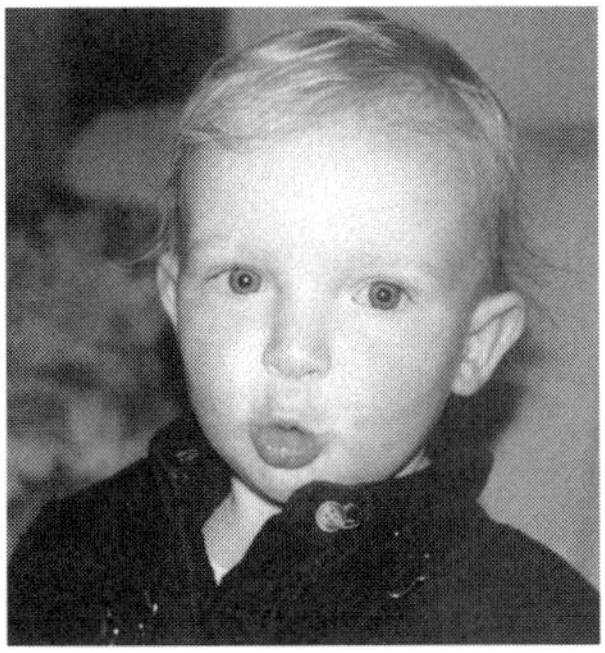

「これ熱いよお」1歳2か月のキーガンが息を吹きかけるベビーサインで暖炉が熱いと言っています。

熱い
hot

く、身のまわりにある危険を赤ちゃんに伝えるときにも重宝します。

赤ちゃんがつくるベビーサインもみのがさないで

あなたが赤ちゃんのしぐさに興味をもっていることが伝わると、赤ちゃんは、ことあるごとにジェスチャーをつかって、あなたに話しかけるようになります。実際には、ベビーサインのことを知らないお父さんやお母さんに対しても、赤ちゃんはジェスチャーをつかって話しかけていることが多いのですが、赤ちゃんの話し言葉ばかりに気をとられているお父さんやお母さんは、なかなか気づいてあげることができません。

ゴミ・きたない
garbage / dirty

一歳になるジェシカの両親は、ベビーサインをつかうようになるまえ、夕食のたびにジェシカが自分の胸をたたきながら、なにかを訴えていたことを覚えています。けれどもそのころは、なぜジェシカがそんなことをするのかどうしても理解できず、ジェシカがしだいにいらだってきても、どうすることもできませんでした。

でも、ベビーサインと出会って、ようやく両親はジェシカが言いたいことを理解することができるようになりました。ジェシカは、自分にもナプキンをつけてくれ、と言っていたのです。

ベビーサインのことを知り、それをジェシカの「言葉」として受けとめることができるようになってから、家族の夕食はとても楽しい時間になりました。ジェシカは自信をもって〈ナプキン〉がほしいと言えるようになり、両親もそれに応えてあげることができるようになったからです。

ジェシカのように、自分の伝えたいことや必要にあわせて、赤ちゃんが自分でベビーサインをつくりだすのはめずらしいことではありません。赤ちゃんのひとつひとつのしぐさに注意をはらってみてください。あなたの赤ちゃんも、自分でつくりだしたベビーサインで、あなたになにかを伝えようとしているかもしれませんよ。

ベビーサインはシンプルに

赤ちゃんが興味をもっているものや、あなたが役に立つと思うもので、ベビーサインであらわしてみたいと思うものはみつかりましたか。それが、第九章で紹介しているものと同じであれば、そのベビーサインを参考にしてください。そこに載っていないベビーサインをつかいたい場合は、赤ちゃんがすぐにまねることのできる簡単な動作を考えてあげましょう。

赤ちゃんの大好きなミッキーマウスをあらわすときは、両手でつくったこぶしをミッキーの耳にみたてて頭にあてる。ボールをあらわすときには、ドリブルをしているように手を上下に動かす。ブランコをあらわすときは、肘をまげた腕をブランコがゆれているように前後に動かす。こんな簡単な動作なら、ほとんどの赤ちゃんはすぐにまねることができるはずです。すでに赤ちゃんが身につけている動きをよく観察して、それを新しいベビーサインの動きにとりいれるといいでしょう。もし、あなたが考えたベビーサインがむずかしすぎて、赤ちゃんがやりにくそうにしているときは、すぐにその動きを簡単なものに変えてあげてください。

次に紹介するジェレミーのエピソードは、赤ちゃんにとってやりやすいベビーサインを選んであげることがいかに大切かを教えてくれます。

ジェレミーの両親は、はじめ、ネコのひげにみたてた両手の指で頬をなでる、というベビーサインで〈ネコ〉をあらわそうとしました。ところがジェレミーは、どうしてもこのベビーサインがうまくできません。そこで、一本指で片方の頬をなでるだけのジェスチャーに変えてみたところ、ジェレミーはすぐにこのベビーサインをつかうことができるようになり、あらゆるところでネコをみつけては、お母さんに伝えるようになりました。近所のネコやテレビに映ったネコ、本のなかのネコはもちろんのこと、キャットフードの箱にかかれたネコのことまで、ジェレミーは話すことができるようになったのです。

4-2 ベビーサインを楽しく身につける方法

テニスやゴルフを習っているとき、上手な人に手をそえてもらって、フォームを練習したことはありませんか？　体に新しい動きを覚えさせるときは、だれかに手をとって教えてもらうとよくわかるものです。ですから、赤ちゃんがベビーサインをひとりでうまくできないときは、赤ちゃんの手をとって実際に動かしてあげましょう。赤ちゃんは、まだ手を動かすことに慣れていないので、あなたが赤ちゃんの手をもって動きや手のかたちを教えてあげれば、スムーズにベビーサインができるようになります。

ただし、赤ちゃんの心にだって、小さな自立心があることを忘れないでください。手助けをしてもらうことが好きな赤ちゃんもいれば、自分でやりたがる赤ちゃんもいます。手助けをするときには、赤ちゃんがそれを喜んでいるかどうか、つねに気にかけておくようにしましょう。どんなときでも、赤ちゃんの気持ちを思いやってあげることが、いちばん大切なのです。

ベビーサインをつかって絵本を読みましょう

絵本のなかには、ベビーサインをつかうチャンスがいっぱいあります。赤ちゃんといっしょに絵本を読むときには、ぜひベビーサインをつかってみましょう。そうすれば赤ちゃんは、ページをめくるたびに、そこに描かれているものをあらわすベビーサインを教えてもらおうと、期待に満ちた目であなたをみつめるようになるでしょう。

『ABCブック』という本は、頭文字がAやBなどのアルファベットではじまる言葉に絵がそえられているので、ベビーサインの練習をするにはぴったりです。舌をだしたりひっこめたりするベビーサインで〈アリクイ **Anteater**〉をあらわしたり、親指同士を重ね、残りの指を広げてひらひらと動かすベビーサインで〈チョウチョウ **Butterfly**〉をあらわしたりすれば、絵本を楽しみながらベビーサインを身につけることができます。また、おつきさまとねずみがくりかえしでてくるマーガレット・ワイズの『おやすみなさい、おつきさま』（評論社・1979年）もベビーサイン向きの一冊です。どんな本を読むにしても、すべての絵をベビーサインであらわそうと思う必要はありません。絵本は、新しいベビーサインを考えたり、つかったりする機会を与えてくれるものと思えばいいのです。

赤ちゃんは、ひとつの絵本をくりかえし読むのが大好きなので、絵本を読むたびにベビーサインの練習をすることができます。絵本のページをめくりながら、赤ちゃんが気に入っているものはなんなのか、よく観察するようにしましょう。そして、赤ちゃんのお気に入りのものをあらわすベビーサインを考えながら、赤ちゃんとのコミュニケーションを楽しんでください。

ベビーサインをつかって歌いましょう

ケイトが〈クモ〉のベビーサインを思いつくきっかけとなった「ちびっ子クモさん Eency Weency Spider」という歌は、アメリカに住んでいる子どもなら、だれでも知っているほど有名な手遊び歌です。こうした手遊び歌には、ベビーサインのヒントになるジェスチャーがたくさんでてくるので、お気に入りの手遊び歌をつかって、赤ちゃんにベビーサインを教えてあげるといいでしょう。そして、そのベビーサインを、いろいろな場面でつかってみてください。そのうちに赤ちゃんは、手遊び歌で遊ぶときだけではなく、日常生活のなかでもそのベビーサインをつかうことができるようになるでしょう。

もし、適当な手遊び歌がなければ、ベビーサインをつかった新しい歌やゲームを考えだすというのもひとつの方法です。私たちが子どもといっしょにつかっていた手遊び歌をひとつ紹介しましょう。

Crocodile, crocodile nips your nose　ワニさん、ワニさん、お鼻をつまんでる
Crocodile, crocodile nips your toes　ワニさん、ワニさん、あんよをつかんでる
Crocodile, crocodile swims around　ワニさん、ワニさん、ぐるぐる泳ぐ
Crocodile, crocodile lies right down　ワニさん、ワニさん、ひとやすみ

〈ワニ〉のベビーサインは、両手の手首をくっつけて、ワニの口のように手のひらをパクパクと開いたり閉じたりする動作であらわします。そのワニの口で、歌にあわせて、赤ちゃんの鼻をつまんだり、足をつかんだり、あわせた両手を左右にくねらせて泳ぐまねをしたりして、最後にあごの下に両手をあてて眠るまねをします。

赤ちゃんは、こうした手遊び歌が大好きで、何度もくりかえして遊ぶものです。手遊び歌は、赤ちゃんが楽しみながらベビーサインを学ぶ、とてもいい方法だと言えるでしょう。

ワニ
crocodile

家族みんなでベビーサインを楽しみましょう

ベビーサインは、あなたと赤ちゃんだけのコミュニケーション方法ではありません。家族みんなでつかうようにすれば、話もはずみ、家族の絆を強めることにもなります。

お兄ちゃんやお姉ちゃんに、ベビーサインをつかって赤ちゃんに話しかけたり、本を読んであげたりしてくれるよう頼んでみましょう。きっと喜んで、赤ちゃんにベビーサインを教えてくれるようになるはずです。ある家庭では、六歳のお姉ちゃんに、花やカメ、魚などの絵を描いてもらい、その絵をドアや冷蔵庫、窓などにかざっておきました。するとお姉ちゃんは、自分が描いた絵をつかって、赤ちゃんにベビーサインを教えるようになりました。赤ちゃんがベビーサインをつかえるようになったとき、お姉ちゃんがどれほど得意気な顔をしたか、想像してみてください。

お兄ちゃんお姉ちゃんは、ベビーサインのとてもいい先生になります。この写真は、4歳のブランドンが妹のレアンヌに〈本〉というベビーサインを教えているところです。

弟や妹が生まれると、お兄ちゃんやお姉ちゃんが「赤ちゃん返り」をしたり、赤ちゃんにやきもちをやいたりすることがよくあります。ベビーサインは、そんなお兄ちゃんやお姉ちゃんが、お父さんやお母さんとチームを組んで、赤ちゃんの成長を育《はぐく》むすばらしい機会をつくりだしてくれるのです。

また、おじいちゃんやおばあちゃんにも、ベビーサインのチームに加わってくれるよう話してみましょう。ベビーサインが赤ちゃんの言語発達の妨げとなるものではなく、むしろ話し言葉の習得を助けるものであるということをきちんと説明すれば、おじいちゃんもおばあちゃんも安心して協力してくれるでしょう。〈ウマ〉のベビーサインで、赤ちゃんに「おうまさんごっこ」をおねだりされたり、〈もっと〉と喜ぶ赤ちゃんに「高い、高い」をしてあげたりするのは、おじいちゃんやおばあちゃんにとってもきっと楽しい思い出になるはずです。

ふだん、赤ちゃんを保育園やベビーシッターにあずけているなら、保育園の先生やベビーシッターに、いっしょにベビーサインをつかってくれるよう頼んでみてください。たいていの場合、保育園の先生たちは、お父さんやお母さんと同じようにベビーサインに深い理解を示してくれます。その理由は簡単です。幼稚園児なら自分の気持ちを言葉で伝えることができますが、赤ちゃんの場合は、それができません。けれどもベビーサインがあれば、先生たちも赤ちゃんの言いたいことを理解できるようになるからです。

どこかへ行ったとき、自分の言いたいことを理解してくれる人がいれば、大人でもほっとするものですが、赤ちゃんならその気持ちはなおさらです。先生とベビーサインで話すことができるようになれば、家庭から保育園へと環境が変わっても、赤ちゃんは安心して毎日をすごすことができるでしょう。

　また、ベビーサインという共通の話題ができれば、あなたは保育園の先生やベビーシッターと、より親しいつきあいができるようになります。赤ちゃんがひとつベビーサインを覚えるたびに、その成長をともに喜びあえれば、おたがいに対する信頼感もさらに深まっていくにちがいありません。

5 Off and Running with Baby Signs

ベビーサインで自由自在にコミュニケーション

▼はじめ、娘のレイニーは私の手や顔の動きをじっとみつめているだけでしたが、そのうち、まるで頭の中で電球がパッと灯ったかのように、ひとつまたひとつとベビーサインをつかいはじめました。そしてしばらくすると、なんとレイニーは、ふたつのベビーサインを組みあわせて、文をつくるようになりました。たとえば、飛行機がどこかにとんでいって見えなくなってしまったとき、腕を広げる〈飛行機〉と、下に向けた手のひらを左右に動かす〈なくなった〉というふたつのベビーサインを組みあわせて、〈飛行機〉〈なくなった〉と言うことができるようになったのです。それは、ほんとうにすばらしい経験でした。

（一歳三か月のレイニーの母親）

赤ちゃんの毎日は発見の連続です。新しいおもちゃを試してみたり、はじめての食べものを好奇心いっぱいで口にしてみたり、昨日できなかったことが今日できるようになると、大はしゃぎで、それを何度もやってみたりします。

赤ちゃんが歩きはじめるときのことを考えてみてください。九か月から一歳三か月ぐらいになると赤ちゃんは、両足でバランスをとりはじめ、よたよたとおぼつかない足どりで歩くことができるようになります。それまで、ハイハイしながら低いところから狭い世界を眺めているだけだった赤ちゃんにとって、それはまさに「大冒険旅行」です。

歩けるようになった赤ちゃんは、好奇心のおもむくまま、あらゆるところへ自分で歩いて行こうとします。戸棚の上に飾ってあるガラスの花瓶をさわろうとしたり、公園で見知らぬイヌに近づいていったり、今まで床の上をハイハイすることしかできなかった赤ちゃんは、好きなところへ自由自在に行こうとするのです。そして、生まれてからずっと赤ちゃんを連れ歩いていた私たちは一転して、かって気ままに動きまわる赤ちゃんのあとを追いまわすようになります。

同じような変化が、赤ちゃんがベビーサインをつかいはじめるときにもみられます。この章のはじめにレイニーのお母さんが言っていたとおり、赤ちゃんは、まるで頭の中で電球がパッと灯ったかのように、ものには名前があるということを理解し、いろいろなものについて話したがるようになります。「なるほど、そういうことだったのね。口を大きく開ければ、私がカバの話をしたがっていることを、お母さんはわかってくれるんだわ」そう理解したとたん、赤ちゃんは、コミュニケーションの世界の住人になります。一方的に話しかけられるだけだった存在からぬけだし、自らすすんで話しかけ、コミュニケーションをしようとするようになるのです。もう、大人だけが「話し手」ではありません。赤ちゃんは、自分が望むときに、自分から話しかけることができるのです。

新しいベビーサインがつかえるようになるたびに、赤ちゃんは、コミュニケーションにより興味をもつようになり、お母さんの話す言葉や動作のひとつひとつに注意をはらうようになります。赤ちゃんは、会話を楽しんだり、この世界を探検したりするための道具である「言葉」を獲得しようと一所懸命なのです。

何年ものあいだ、私たちは、たくさんの赤ちゃんがベビーサインをつかって、自分を表現する能力を発見する過程をみまもってきました。赤ちゃんがこうした能力を獲得していく姿は、私たちに大切なことを思いださせてくれます。それは、この世の中が不思議に満ちた世界だということ、そして、ひとつひとつのものには、独特の手ざわりや色、匂い、味があり、心を澄ませば、それを五感全部で感じとることができるということです。

赤ちゃんは、葉っぱをよじのぼろうとして身体をくねらせている尺取り虫や、水溜りのなかでピンク色に光る小石など、私たちがふだんみすごしてしまっている不思議な存在をみつけ、それをベビーサインで教えてくれます。また赤ちゃんは、動物園にいるキリンや池で泳いでいるガチョウに目を輝かせたり、公園のチョウチョウやカエルを追いかけたり、風と遊んだりしながら、自分のまわりの世界を探検し、そのたびになにかを発見します。そして、それらすべての経験を、私たちに伝えようとするのです。
そんな赤ちゃんのベビーサインを受けとめ、赤ちゃんのひとつひとつの発見をともに喜ぶことができれば、私たちはみなれたこの世界を、赤ちゃんといっしょに探検することができます。赤ちゃんの視線でまわりのものをみつめなおし、世界の不思議を再発見すること、これこそ子育ての醍醐味といえるでしょう。

では、実際にベビーサインをつかっている赤ちゃんたちは、これまでにどんな発見をして、私たちになにを教えてくれたのでしょうか。ベビーサインの研究をとおして、私たちが観察してきた赤ちゃんのようすや、お母さんたちからよせられた何百ものエピソードのなかから、いくつかの例を紹介しながら、ベビーサインをつかっている赤ちゃんたちが、いかに溌剌《はつらつ》として、創造力に満ちているかをお話ししたいと思います。

5-1 観察——赤ちゃんは「発見」の天才

妊娠しているとき、あるいは家族のなかに妊婦がいるとき、街を歩いている妊婦の数が急に増えたような気がしたことはありませんか。また、いろいろと悩んで、やっと買う車をきめたとたん、同じ車がやけに目につくと思ったことはありませんか。

不思議なことに私たちは、なにかに強い関心をもつようになると、頭の中にアンテナのようなものができて、それと意識していなくても、自分の関心にかかわるものをすばやく探しだせるようになります。それと同じようなことがベビーサインをつかいはじめたばかりの赤ちゃんにもみられます。赤ちゃんは、ベビーサインをひとつ覚えると、どこに行ってもそのベビーサインに関係するものが目につくようになるのか、大人が気づかないようなものまで発見して、それをベビーサインで教えてくれるようになるのです。

そんなひとつの例として、カイのエピソードを紹介しましょう。

カイの家では、両手をうちならすベビーサインで〈ワニ〉をあらわし、絵本を読むときや動物園に行ったときなどに、このベビーサインをつかっていました。カイは、一歳一か月のときにこのベビーサインを覚えたかと思うと、いろいろなところでワニをみつけては、大喜びで〈ワニ〉のベビーサインをするようになりました。

ある日のこと、お母さんがカイをベビーカーに乗せて、ショッピングセンターで買い物をしていると、突然、カイが後ろをふりかえろうとして、ごそごそと動きはじめました。そして、お母さんと目があうと、うれしそうに両手を打ちならしはじめたのです。

お母さんは、「ショッピングセンターにワニなんているはずがないのに」と思いましたが、カイがあまり一所懸命にベビーサインをくりかえすので、あたりをみまわしてみました。すると……たしかにワニがいました。三センチにもみたないワニがたくさん!!　いま通りすぎたばかりのお店に、左胸にワニのマークがついたシャツがたくさん飾られていたのです。

「ほんとうね、ママにも見えるわ。ワニさんがいっぱいね。あんなに小さなワニさんに気がつくなんて、すごいわね」

お母さんに誉められたカイのちょっぴり自慢気でうれしそうなこと。お母さんが、カイの発見をいっしょに喜ぶことができたのは、ふたりの共通の言葉であるベビーサインがあったからこそでした。それは、指差しと「あっ、あっ」という声だけでは、決してできなかったコミュニケーションだと言えるでしょう。

ベビーサインをつかっているお母さんたちからよせられるこうしたエピソードにはきりがありません。

一歳二か月のエリは、人差し指で頬に丸を描くベビーサインで〈りんご〉をあらわすことができるようになると、買い物に行くたびに「りんご探しゲーム」を楽しむようになりました。本物のりんご、りんごジュース、りんごの絵のついたカードなど、スーパーマーケットはりんごでいっぱいです。エりがあんまり〈りんご〉のベビーサインをつかうので、お母さんは、身のまわりにこんなにもたくさんのりんごがあふれていることに、あらためて気がついて驚いたそうです。

一歳三か月のトリーナのお気に入りは、〈鳥〉のベビーサインでした。窓の外を見ているときや公園に遊びにいったときに〈鳥〉のベビーサインをつかうのは当たり前ですが、その日、トリーナが鳥を発見したのは、なんと教会のなかで、しかもミサの最中でした。教会のなかに鳥がいるとは、いったいどういうことなのでしょうか。

トリーナがみつけた鳥というのは、祭壇の奥にあるステンドグラスに平和のシンボルとして描かれた二羽の鳩のことでした。ベビーサインのおかげでトリーナは、教会のなかで鳥をみつけた喜びを、大声をだすことなく、お母さんにうまく伝えることができたのです。

ここに紹介したエピソードに登場する赤ちゃんたちは、特別な赤ちゃんではありません。あなたも赤ちゃんといっしょにベビーサインをつかいはじめれば、赤ちゃんの鋭い観察力に驚かされるようになるでしょう。外からは見えないだけで、赤ちゃんの頭の中では脳細胞が休むことなく活動をつづけています。赤ちゃんがベビーサインをつかいはじめると、あなたはベビーサインという「窓」をとおして、赤ちゃんの知能の発達や、心が豊かになっていく過程を知ることができるようになります。そして、赤ちゃんの言いたいことを正しく理解し、それに応えてあげることができるようになるのです。

5-2

創造——赤ちゃんはベビーサインをつくるのが大好きです

第四章でもお話ししましたが、ベビーサインのアイデアを思いつくのは、大人ばかりではありません。赤ちゃんが自分でベビーサインをつくりだすこともよくあります。

そもそも私たちがベビーサインに気づいたのも、リンダの娘のケイトが、匂いをかぐジェスチャーで〈花〉をあらわしたり、息をふきかける動作で〈魚〉をあらわしたりしたことがきっかけでした。リンダは、ケイトがつくりだしたベビーサインをうまく受けとめてあげたにすぎないのです。私たちは、ベビーサインをつかっていない家庭でも、多くの赤ちゃんがなんらかのジェスチャーをつかって、お父さんやお母さんとコミュニケーションをしようとしていると考えています。残念なのは、親のほうがそれに気づいてあげられないことです。

リンダがケイトのベビーサインに気づくことができたのは、リンダが子どもの発達を専門とする研究者で、子どものようすを観察する目をもっていたからです。けれども、リンダが気づくまでに、ケイトがどのくらいのあいだ、ジェスチャーをつかってコミュニケーションをしようとしていたのかは、だれにもわかりません。もしかすると、うまく通じないからジェスチャーなんてやめよう、とケイトが思いはじめていたときに、ようやく気づいてあげられたのかもしれないのです。

けれども、あなたはそんな失敗を避けることができます。あなたは、話し言葉だけが赤ちゃんとのコミュニケーション方法ではないことを、もう知っています。ですから、赤ちゃんの話し言葉の発達だけに気をとられることなく、赤ちゃんのベビーサインをあたたかく受けとめてあげることができるでしょう。

また、あなたがベビーサインをつかうということは、赤ちゃんがベビーサインの世界に一歩踏みだすための青信号のようなものです。そして赤ちゃんは、ベビーサインがコミュニケーションのひとつの手段であることを理解すると、安心して自分も新しいベビーサインを考えだすようになります。こうした赤ちゃんがつくりだすベビーサインをみのがさないためには、ちょっとしたコツがあるので、それを心得ておくといいでしょう。大切なのは、赤ちゃんがくりかえしおこなういつもとはちがうしぐさや、なにかを訴えているように感じられる動作に注意することです。そんなとき赤ちゃんは、あなたがきちんと理解しているかどうかを確認するかのように、あなたの方を見ているはずです。第四章で紹介したジェシカの両親が、胸をたたくというジェシカのベビーサインに気づくことができたのも、ジェシカの訴えるような視線を感じたからでした。赤ちゃんが歩きまわるようになったら、とくにこうした変化に注意しましょう。

赤ちゃんがベビーサインをつくりだすふたつの方法

赤ちゃんがつくりだすベビーサインについて調べた結果、赤ちゃんは少なくとも次のふたつの方法で、ベビーサインのアイデアを得ていることがわかっています。

ひとつめは、リンダの子どものように、身のまわりにいる人たちが、意識的または無意識にやっている動作をまねる方法です。いつも歌っている手遊び歌の動きをベビーサインにしたり、モビールに息を吹きかける動作を〈魚〉というベビーサインにしたりしたのは、そのよい例だといえるでしょう。

ふたつめは、伝えたいと思っているものの特徴を、赤ちゃん自身が発見して、それをベビーサインであらわそうとする方法です。こうした方法でベビーサインをつくりだすときの赤ちゃんの観察力には、目をみはるものがあります。さきほど例にあげたジェシカは、だれに教えられたわけでもないのに、ナプキンをつける場所をたたいて〈ナプキン〉をあらわそうとしました。その他にも私たちが出会ってきた赤ちゃんのなかには、こうした方法でベビーサインを考えだした赤ちゃんがたくさんいました。イヌはハアハア息をすること、ボールは転がること、風はいろいろなものを揺らすこと、帽子は頭にかぶること、クリスマスのイルミネーションはついたり消えたりすること、ブランコはゆらゆら揺れること。赤ちゃんたちは、伝えたいと思うもののこうした特徴をとらえて、ベビーサインであらわそうとしました。そういう赤ちゃんにとって幸運だったのは、お父さんやお母さんが、赤ちゃんがつくりだしたベビーサインをきちんと受けとめてくれたことでした。

ブランドンという男の子が考えだした、とてもかわいらしいベビーサインの例を紹介しましょう。ブランドンの両親と祖父母は、ブランドンが九か月のときからベビーサインをつかっていたので、一歳五か月になるころには、ブランドンも〈ネコ〉や〈イヌ〉や〈もっと〉など、たくさんのベビーサインをつかうことができるようになっていました。

ブランドンは、両親にとって初めての赤ちゃんだったうえに、おじいちゃんとおばあちゃんにとっても初孫だったので、生まれたときから毎日のように写真をとられていました。そのため、ブランドンにとってカメラは、哺乳びんと同じくらい身近なものになっていて、一歳をすぎたころには、だれかがカメラをかまえるだけで、にっこり笑ってポーズをとるようになっていたほどです。それなのに、なぜか、ブランドンが大好きなカメラをベビーサインであらわすことは、だれも思いつきませんでした。

そんなある日のこと、ブランドンが、両手で丸をつくって目の高さにおき、その「穴」から片目でのぞくしぐさをしてみせました。その手つきは、まさにカメラそのものです。母親のリサは、ブランドンが写真をとってほしがっているとすぐに気づいたので、急いでカメラをもってくると、得意気に微笑んでいるブランドンの写真をとってあげました。

ベビーサインをつかっているうちに、きっとあなたの赤ちゃんも、ブランドンやジェシカのように、自分で新しいベビーサインをつくりだして、あなたを驚かせるようになるでしょう。心を開いて、あせらずに、赤ちゃんのようすをみまもってあげてください。そして、赤ちゃんが自分でベビーサインをつくりだしたときには、心からほめてあげましょう。そうすれば、赤ちゃんは自分のコミュニケーション能力に自信をもつことができ、それが赤ちゃんの言語の発達にもつながっていきます。そして赤ちゃんは、自分の気持ちを理解してくれるあなたのことを、ますます信頼するようになるでしょう。

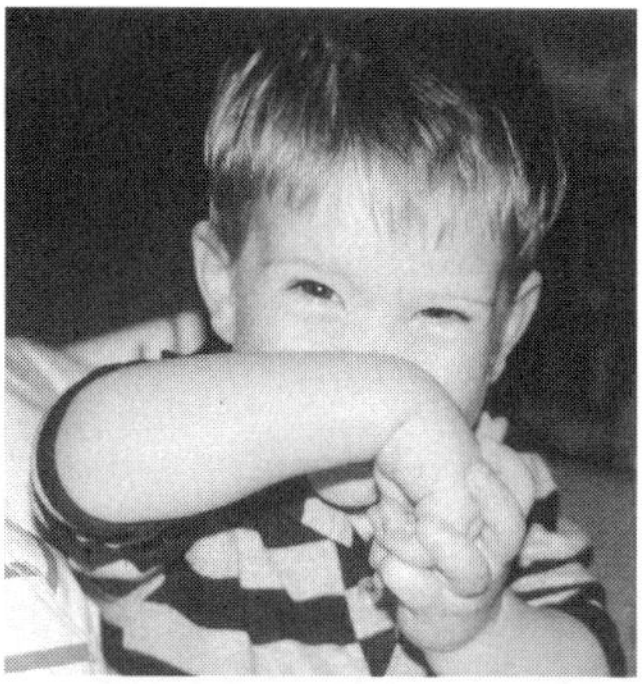

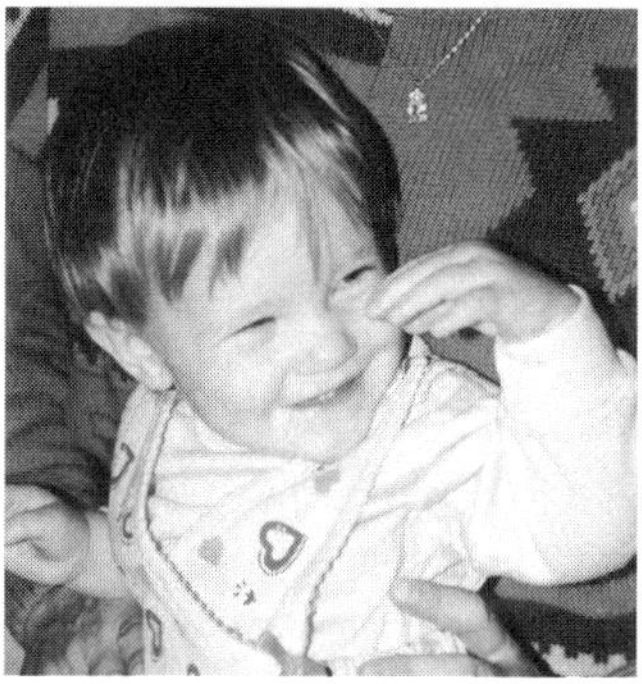

写真をとられるのが大好きなブランドンは、自分で〈カメラ〉というベビーサインをつくりだしました。(上)
ブランドンのカメラ好きが伝わったのか、妹のレアンヌもこのベビーサインをつかうようになりました。(下)

5-3

比喩――新発見・空飛ぶ扇風機？

私たちは、あるものをあらわそうとするとき、よりわかりやすく、おもしろく、美しく表現するために、それをほかのものにたとえて表現することがあります。こうした表現方法を比喩《ひゆ》といいます。たとえば、考えていることがすぐに表情にでてしまう人のことを「あいつの考えていることは、すべて顔に書いてある」と言ったり、情熱をあらわすために、「私の愛は真っ赤なバラのように燃えている」と言ったりするのは、比喩のひとつです。私たちは、だれでもこうした比喩をつかう詩的な能力をもっていますが、実は小さな赤ちゃんたちも比喩をつかう能力をもっているのです。

赤ちゃんは、成長してさまざまなことを学んでいくにつれて、ものとものとのあいだには、おもしろい類似点があることに気がつくようになります。そんな赤ちゃんが、それまで知らなかったものをはじめて目にしたとしたら、いったいどうするでしょうか。おそらく赤ちゃんは、葉っぱの上にてんとう虫がいるのを見つけたときや、飛行機が空をとんでいるのを見たときと同じように、お父さんやお母さんに自分の発見を伝えようとするでしょう。けれども赤ちゃんは、まだそれをあらわすベビーサインを知りません。すると驚いたことに、赤ちゃんは、自分が伝えたいと思っているものとベビーサインであらわすことのできるものとの類似点をみつけだし、知っているベビーサインをつかって新しい発見を伝えようとします。つまり、ベビーサインを知っている赤ちゃんは、言葉がまだ話せなくても、すでに知っているベビーサインで新しい発見をたとえて、言いたいことを伝えることができるのです。

これは一歳半のレビの母親であるサンディから聞いた話です。

レビの家族は、温暖な気候のカリフォルニアに住んでいました。その地域では、扇風機を天井にとりつけている家が多く、レビの家の天井にも扇風機がついていました。レビはこの扇風機がお気に入りだったので、ベビーサインをつかうようになると、すぐに〈扇風機〉というベビーサインを覚え、上に向けた人差し指を扇風機の羽のようにクルクルとまわしながら、扇風機のことを話すようになりました。

ある日のこと、レビは屋根のむこうの空から、なにかがやってくるのに気がつきました。ヘリコプターです。驚いた顔でヘリコプターをみつめていたレビは、次の瞬間、片手の人差し指を空に向けてまわしはじめました。〈扇風機〉のベビーサインです。たしかに、プロペラをクルクルと回転させながら大きな音をたてて頭の上をとんでいくヘリコプターは、まるで空をとぶ扇風機のようにみえます。

自分の発見に大喜びで、得意満面の笑顔を向けているレビに、サンディはやさしくこたえました。「すごいわ、レビ。ほんとうに扇風機そっくりね。まるで背中に扇風機がついた飛行機みたい。あれ

扇風機
fan

はヘリコプターっていうのよ」

レビが〈扇風機〉というベビーサインを比喩としてつかうことができたおかげで、サンディは、レビのするどい観察力を知ると同時に、レビに新しい情報、つまり「ヘリコプター」という名前を教えてあげることができました。ヘリコプターが空をとんでいたその日は、ふたりにとって、ちょっとした発見の日になったのです。

もうひとつ、ルーシーの例を紹介しましょう。

ある週末、一歳四か月のルーシーは、家族とキャンプにでかけました。ルーシーの家族は、都会のアパートで暮らしていたので、きれいな夜空を見る機会がほとんどありませんでした。ですからルーシーは、キャンプ場で見る月の美しさと、こぼれおちそうな星たちに、すっかり心を奪われてしまいました。

夕食のあと、お父さんはルーシーを腕に抱いて、夜空をみあげながら、〈星〉と〈月〉のベビーサインをくりかえしました。指をひらひらさせると〈星〉、片手でつくった丸を頭の上にかざすと〈月〉です。ルーシーはすぐにこのふたつのベビーサインを覚えて、自分でもつかうようになりました。

ルーシーがこのベビーサインを比喩的につかったのは、キャンプからもどってきた次の日の夕方のことです。アパートの近くにある小さな公園を散歩していると、ルーシーが片手でつくった丸を頭の上にかざし、なにか言いたげな目でお父さんをみつめました。

「お月さまかい？　でもお月さまはでていないよ」

お父さんが、そう答えて百メートルほど歩くと、ルーシーがまた同じベビーサインをくりかえしました。そこで、もう一度あたりを見まわしたお父さんは、今度ははっきりとルーシーの言いたいことがわかりました。それは昔ながらの鉄製の街路灯だったのです。街路灯のてっぺんには大きな電球がついています。その丸い形といい、白くて明るい光といい、ルーシーの言うとおり、お月さまにそっくりでした。お父さんは、散歩をするたびにこの街路灯を目にしていたのですが、それまでとくに気にとめたことはありませんでした。

この日の思い出をルーシーのお父さんは、次のように語ってくれました。

「おかしなことを言うと思われるかもしれませんが、ルーシーが街路灯をあらわすのに〈月〉というベビーサインをつかったとき、あの子は私に大切なことを教えてくれたような気がしたのです。知っているつもりでいたものでも、新たな気持ちで見てみると、知らなかったものが見えてくるんですね」

レビやルーシーのように、赤ちゃんがなにかの比喩としてベビーサインをつかう例はたくさんあります。

十一か月のケイディは、お皿にもられたブロッコリーを〈花〉のベビーサインでたとえました。第一章で紹介した一歳六か月のエリザベスは、掃除機を〈ゾウ〉と呼んでいましたし、一歳五か月のカルロスは、機械で洗車することを〈風〉と〈雨〉のふたつのベビーサインであらわそうとしました。

私たちを含め多くの研究者が、話し言葉であれベビーサインであれ、ものには名前があるということを理解しはじめた赤ちゃんは、それまで以上に身のまわりのものに関心をもつようになると考えています。これまでみてきたように、赤ちゃんが比喩としてベビーサインをつかうことができるというのは、この考え方が正しいことを証明しているといえるでしょう。

5-4 構成――ベビーサインをつかって文章をつくる

〈飲みもの〉〈なくなった〉
〈ネコ〉〈どこ?〉
〈大きい〉〈ワンワン〉
〈クッキー〉〈もっと〉

(クリスティンが一歳二か月と十日で話した二語文)

赤ちゃんがなにかをもっとほしいとき、ベビーサインをつかって〈もっと〉と言えるようになれば、赤ちゃんが伝えたい最低限のメッセージは、お父さんやお母さんに伝わるようになります。けれども、〈クッキー〉〈もっと〉とおねだりしたクリスティンや、〈飛行機〉〈なくなった〉と表現したレイニーのように、赤ちゃんがふたつのベビーサインを組みあわせることができるようになれば、赤ちゃんは、いろいろなことを、さらに詳しく伝えることができるようになります。

どうやら赤ちゃんは本能的にこのことを知っているらしく、どの赤ちゃんも大きくなるにつれて、ふたつの言葉を組みあわせて自然に二語文で話すようになります。言語学の世界では、二語文がつかえるようになるということは、赤ちゃんの発達において、言葉をつかいはじめたときと同じくらい重要な意味があると考えられています。ふたつの言語的シンボルを組みあわせるということは、大人にとってはなんでもないことですが、赤ちゃんにとっては、理解力と記憶力の大きな飛躍を意味する重要なステップなのです。

また、二語文がつかえるようになると、赤ちゃんはより正確に自分の気持ちを伝えることができるので、ストレスを感じることも少なくなります。赤ちゃんが小さいときから二語文をつかえるようになると、あなたと赤ちゃんは早い時期から、おたがいの気持ちをより深く理解しあうことができるようになるからです。

では、赤ちゃんはいつごろから二語文がつかえるようになるのでしょうか。一般的に、話し言葉だけをつかっている赤ちゃんの場合、一歳八か月ごろから二語文をつかいはじめることが多いといわれていますが、実際には、二歳をすぎてからの赤ちゃんもたくさんいます。それを考えると、たった一歳二か月のクリスティンが二語文をつかったのは、驚くべきことだといえるでしょう。ふつうに考えられている月齢とくらべると、クリスティンは六か月も早く二語文をつくるのに必要な知的発達をとげたわけです。

いったいクリスティンは、どうしてこのようなことができたのでしょうか？　天才だからでしょうか？　それとも特別な言語的才能に恵まれていたからでしょうか？　そんなことはありません。信じられないかもしれませんが、クリスティンのような例は、ベビーサインをつかっている赤ちゃんにはめずらしいことではないのです。

クリスティンがさきほど紹介した二語文をつかったのは、ミルクがなくなったとき、子ネコを探しているとき、怖いイヌがいてお母さんにそれを伝えたいとき、もっとクッキーがほしいときなど、どうしても伝えたいことがあったときでした。伝えたいことがあり、それをあらわすベビーサインを知っているなら、赤ちゃんは話し言葉で二語文が言えるようになるのを待っていたりはしません。知っているベビーサインを組みあわせたり、ベビーサインと話し言葉を組みあわせたりしながら、なんとかして二語文をつくりだそうとするのです。

ベビーサインをつかっている赤ちゃんのなかには、クリスティンのように早い時期から二語文をつくり、お父さんやお母さんを驚かせている赤ちゃんがたくさんいます。赤ちゃんは、私たちが考えているよりも、はるかに利口なのです。そのうえ、早くからベビーサインをつかって二語文を話している赤ちゃんは、話し言葉だけで二語文をつくることも簡単にできるようになります。

〈ベビーサイン〉と〈ベビーサイン〉を組みあわせた二語文や三語文

ここで、赤ちゃんがよくつかうベビーサインを組みあわせた二語文や三語文を紹介しましょう。

〈もっと〉〈飲む〉……これは、赤ちゃんがよくつかう二語文の組みあわせです。たくさんのお母さんから、赤ちゃんがこの二語文をつかったというエピソードがよせられていますが、なかでもめずらしいのは一歳十か月のポルティアの例でしょう。ポルティアは、動物園のゾウが水おけから何度も水を飲んでいると伝えようとして、この二語文をつかいました。

〈なくなった〉〈水〉……一歳八か月のジェニファーは、お風呂に入ったあとも浴槽のなかに残って、排水口から水が流れていくのを見るのが大好きでした。この二語文は、水が全部なくなったことをお母さんに伝えようとしてつくったものです。

〈どこ?〉〈サル〉……一歳三か月のレアンヌは、はじめのうちはゴリラのことを怖がっていましたが、慣れてくるとすっかり気に入って、〈サル〉というベビーサインで呼ぶようになりました。この二語文は、ゴリラが穴に隠れてしまったときにつかったものです。

〈イヌ〉〈ボール〉……ペットのイヌがテニスボールをもっていってしまったので、一歳五か月のマックスは、この二語文をつかって、「イヌがボールをもっていった」と伝えようとしました。

〈もっと〉〈食べもの〉〈飲みもの〉……この三語文をつくったのは、まだ一歳八か月だったサブリナです。夕ごはんを全部食べてしまったというのに、サブリナはまだお腹がすいていて、喉もかわいていたのです。

〈どこ?〉〈ボール〉〈なくなった〉……一歳七か月のカルロスは、ボールがどこにいったのかをたずねようとして、この三語文をつくりました。

〈ベビーサイン〉と「話し言葉」を組みあわせた二語文や三語文

さきほどもお話ししたように、赤ちゃんは、ベビーサインを組みあわせるだけでなく、ベビーサインと話し言葉を組みあわせて二語文や三語文をつくることがあります。このことは、赤ちゃんが話し

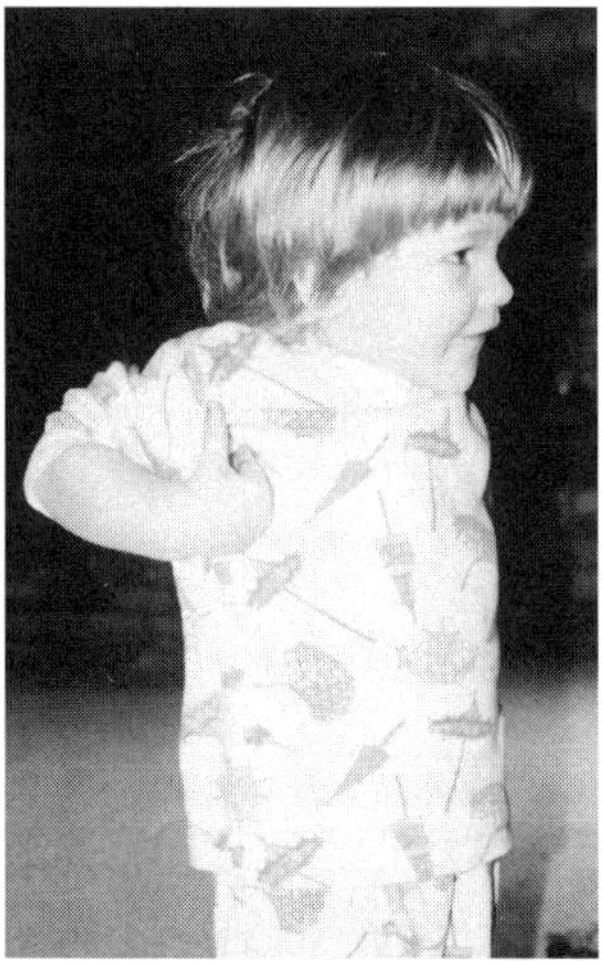

この写真は〈サル〉のベビーサインです。こんなかわいらしいしぐさを見たら誰だって思わず微笑んでしまうことでしょう。

サル
monkey

言葉とベビーサインという異なるタイプの言語的シンボルを同等のものとしてとらえているという点で、言語学的にも興味深いところです。ベビーサインをつかっている赤ちゃんにとって大切なのは、その言語的シンボルが話し言葉かベビーサインか、ということではなく、自分の言いたいことをどうやって相手に伝えるかということなのです。

次に、ベビーサインと話し言葉を組みあわせた二語文を紹介しましょう（カギカッコに入っているのが話し言葉です）。

〈もっと〉「ブランコ」……一歳二か月のキーシャは、この二語文をつかって、もう一度ブランコにのせてほしいとねだりました。

「なくなった」〈チョウチョウ〉……赤ちゃんにとって、いろいろなものが自分の目の前から消えてしまうのは、不思議なことなのでしょう。この二語文は、チョウチョウが飛んでいってしまったことをあらわしています。

〈大きい〉「お医者さん」……一歳四か月の赤ちゃんには、白衣をきたお医者さんが実際以上に大きく見えるのでしょう。ディロンは、話し言葉とベビーサインを組みあわせて、そんな気持ちを伝えようとしました。

〈帽子〉「パパ」……所有の概念を理解するということも、赤ちゃんの言語発達にとっては大きなステップだといわれています。一歳四か月のアンドリューは、お父さんの自転車用ヘルメットが駐車場の床に落ちているのを見て、この二語文をつくりました。

〈**水**〉「**私の**」……………一歳五か月のメーガンは、この二語文をつかって、机の上に置かれたコップの水が自分のものである、ということを友だちに伝えようとしました。

「**ボク**」〈**食べる**〉〈**鳥**〉……三語文の例です。この文は、一歳五か月のアレックスがお母さんに、次にアヒルにえさをやるのは「ボクの番だ」と伝えようとしてつかったものです。この例では、〈食べる〉というベビーサインが「えさをやる」という意味でつかわれています。

赤ちゃんの二語文や三語文を観察すると、〈もっと〉〈なくなった〉〈どこ?〉というベビーサインが

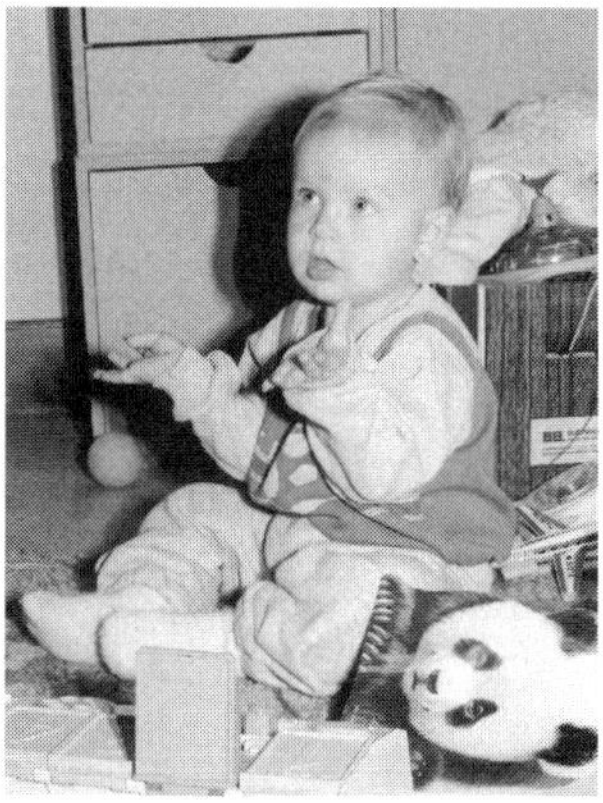

「ミッキーマウスはどこに行っちゃったの?」と、1歳2か月のカイがたずねています。カイは、1歳3か月の頃から〈どこ?〉というベビーサインと〈飛行機〉や〈鳥〉などのベビーサインを組みあわせることができるようになりました。

どこ?
where

よくつかわれていることに気がつきます。赤ちゃんは、毎日の生活のなかで、さまざまなものが〈なくなった〉り、〈どこ?〉にあるかわからなくなったり、それが〈もっと〉ほしかったり、という経験をくりかえしているので、この三つのベビーサインをほかの言葉と組みあわせてつかうことが多いのでしょう。このほか、〈熱い〉や〈つめたい〉、〈小さい〉や〈大きい〉、〈中〉や〈外〉などのベビーサインも、よくほかの言葉と組みあわせてつかわれます。

このように、ほかの言葉と組みあわせやすいベビーサインがつかえるようになることは、二語文をつくって自分の気持ちを伝えようとする赤ちゃんにとって、とても便利です。赤ちゃんに教えるベビーサインを選ぶときには、こうしたベビーサインを含めるようにするといいでしょう。

5-5
自由な表現——ベビーサインに「正しい」つかい方はありません

歩きだした赤ちゃんが、どこを通って、どこへ行くのか、予測するのは簡単なことではありません。公園の真ん中にふたりの赤ちゃんをおいてみると、ひとりはブランコに向かって歩きだすかもしれませんし、もうひとりは地面に咲いているタンポポのあいだを歩きまわるかもしれません。赤ちゃんに

ミス・アメリカは聞こえない
聴覚障害児を育てた母親の記録
ダフネ・グレイ＝著　高村万里子＝監修
2300円（税別）

1歳８か月で突然聴力を失った娘。ろうの子どもは普通学校に入れないのか？　不可能なことはなにもない。1995年度のミス・アメリカになった娘の母によるちょっと強気な子育て記。

ISBN4-7705-0174-9 C0037

ちびくろサンボよ すこやかによみがえれ
灘本昌久＝著　2400円（税別）

『ちびくろサンボ』は差別本ではない！　アメリカでの調査をふまえて似非・反差別運動のマイナスを論証。

ISBN4-7705-0171-4 C0036

絵本 ちびくろさんぼのおはなし
ヘレン・バナーマン＝作・絵　灘本昌久＝訳
1000円（税別）

日本で初めて出版されたオリジナルの「サンボ」。これが本当の顔です。

ISBN4-7705-0173-0 C8798

民主主義
文部省著作教科書　2200円（税別）

戦後まもなく文部省がつくった過激な教科書。「民主主義は平等を重んじるからといって人々が社会的に全く同じ待遇を受けるのだと思ったら大きなまちがいである。それはいわゆる悪平等以外の何ものでもない」「政府が国民の道徳思想をまでひとつの型にはめようとするのは最もよくないことである」と教える。

ISBN4-7705-0144-7 C0036

『ちびくろサンボ』絶版を考える
径書房編集部＝編　1700円（税別）

差別だといわれて絶版になった『ちびくろサンボ』。この本は本当に差別的な絵本だったのか？　自ら「部落民3世」と名乗る灘本昌久氏と、「在日の裏切り者」という竹田青嗣氏、そして「ものぐさ精神分析」の岸田氏の巻末の鼎談は、出版社の差別問題に関する教科書になっている。

ISBN4-7705-0087-4 C0036

▶径書房の本は全国どこの書店でもお求めいただけます。もし店頭にない場合はご注文くだされればお取り寄せいただけます。
▶小社へ直接ご注文くださる場合は、郵便振替（00110-7-32726）でお申し込みください。その際、ご注文金額（税込）の合計が1000円未満の場合に限り送料300円をご負担くださるようお願いいたします。

径書房
東京都新宿区南元町11-3 〒160-0012
e-mail info@komichi.co.jp
tel. 03-3350-5571
fax. 03-3350-5572

この目録は2002年1月に作成しました。表示価格はすべて本体価格（税別）です。総合図書目録をご希望の方はご連絡ください。無料でお送りいたします。

径書房・話題の本

KOMICHI-SHOBO
11-3 Minami-Motomachi, Sinjyuku-ku, Tokyo 160-0012 Tel.03-335

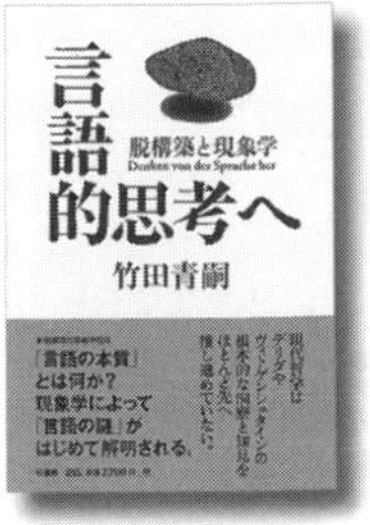

言語的思考へ
脱構築と現象学
2200円（税別）

ポストモダン思想によって現
可能性――を解き、デリダ的
を告げる画期的な論考。本
［本書で扱うキーワード］
差延・正義のパラドクス・否定
一般言語表象・純粋自我・ヴ

まだ話せない赤ちゃんと話す方
ベビーサイン
リンダ・アクレ
たきざわあき
1300円（税別）

日本で初めて紹介される
すまえから赤ちゃんはあ
ベビーサインを使ってい
3歳児で4歳児レベルで
学者が実証。赤ちゃんの

虐待の連鎖を断ちきる方法
愛される親・愛され
ルイーズ・ハー
2000円（税別）

親から虐待を受けて育
の親に贈る虐待防止の
りかえさないための
の方法を満載。そして
ナーチャイルド」を愛

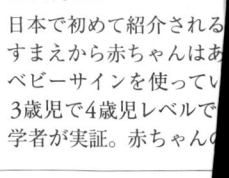

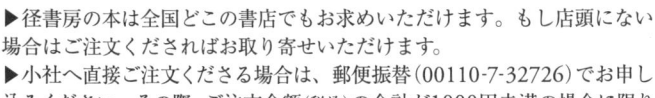

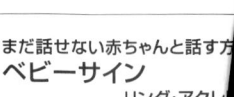

電氣菩薩

豚小屋発犬小屋行きの因果宇宙オデッセイ　　根本敬＝著

2300円（税別）

ISBN4-7705-0169-2 C0095

特殊漫画家・根本敬の最新刊。奥崎謙三氏（神軍平等兵）や蛭子能収氏をはじめとする因果世界の大物が続々登場。数年前から「もうすぐ出版」と言われながら刊行が遅れに遅れたため、「根本敬はヤク中で再起不能」との噂も流れた。書名の「電氣菩薩」は故・勝新太郎のインタビューより。

犯罪被害者支援

アメリカ最前線の支援システム　　新恵里＝著

2500円（税別）

ISBN4-7705-0176-5 C0036

犯罪被害者を24時間体制で支援するアメリカの犯罪被害者センター。そこに1年間スタッフ研修を受けた著者渾身のレポート。性犯罪・少年犯罪・児童虐待・人種差別などのテーマについて詳述し、アメリカの支援システムの先進性と問題点を報告。日本の被害者支援のありかたを探る。

天皇の戦争責任

加藤典洋＋橋爪大三郎＋竹田青嗣＝著

2900円（税別）

ISBN4-7705-0158-7 C0036

天皇は「法的存在」であり戦争責任は問えないとする橋爪氏と、責任を問い得る「人間」だという加藤氏が、「最近の天皇をめぐる議論は思想の敗北だ」という司会の竹田氏をまじえて対論。「天皇」という大上段の問題を私たち自身の日常の感度に接続したまったく新しい脱・天皇論。

ゴーマニズム思想講座……………………自分と社会をつなぐ回路

正義・戦争・国家論

小林よしのり＋竹田青嗣＋橋爪大三郎＝著

1600円（税別）

ISBN4-7705-0135-8 C0010

うすっぺらな「正義の思想」を徹底的に大分析!!「反権力こそチェックしろ」という小林氏を中心に「絶対正義主義」「謝罪外交」「戦争責任」について食事もとらず連続12時間。「わしらは胃腸の限界まで話し続けた」というマンガ付。

本

0-5571 Fax.03-3350-5572

竹田青嗣＝著

ISBN4-7705-0179-X C0010

われた難問――決定不
的〈差異の戯れ〉に終わり
質的な思考原理を再構築。
デリダ・東浩紀・主体の死・
神学・言語コンテクスト・
ィトゲンシュタイン……。

法

ドロ＋スーザン・グッドウィン＝著
編訳　小澤エリサ・ヒライ＝絵

ISBN4-7705-0177-3 C0077

画期的な育児法。言葉を話
なたに語りかけています。
る赤ちゃんは、知的発達が
ある、とアメリカの児童心理
の隠れた能力をひきだします。

ない親

ト＝著　Disk Potato House＝編訳

ISBN4-7705-0178-1 C0037

った著者が子育てに悩む多く
ための必読書。親の過ちをく
知恵、子どもを傷つけないため
自分のなかに住んでいる「イン
する大切さを教える。

になる本

弦＝画　eqPress＝訳

（税別）

ろばかり見つめている。
性格がひねくれている。
……。

もうやめよう。
きがあるのだから。
まくいく。

98

本

s＝訳

な仕事につきた
送りたい？　ぼん
けど、望みどお
入るはずがない、
あきらめない
歩きだそう。

楽しもう

パット・パルマー＝著　みやざきひろかず＝画

Disk Potato House＝訳

人生を楽

は、それぞれに個性があります。ある赤ちゃんにとっては非常に魅力的なものでも、ほかの赤ちゃんは、なんの関心ももたないものだってあります。同じものを見ても、それに向かって全速力で走りだす赤ちゃんがいるかと思うと、ハイハイする気さえおこさない赤ちゃんもいるのです。

それはベビーサインの習得でも同じことです。ベビーサインの習得には、ひとりひとりの赤ちゃんの発達のちがいや、コミュニケーションへの関心、身のまわりのものへの興味のもち方などが大きく影響してきます。

本章で紹介した赤ちゃんたちも、みなそれぞれのやり方でベビーサインをつかっていました。覚えたベビーサインをつかおうとして自分のまわりの世界を注意深く観察するようになる赤ちゃんもいれば、新しい発見を伝えるために知っているベビーサインを比喩としてつかう赤ちゃんもいます。また、覚えたてのベビーサインを組みあわせて、早い時期から二語文や三語文をつくりだす赤ちゃんもいます。このように、ベビーサインにはさまざまなつかい方がありますが、赤ちゃんがどんな方法でベビーサインをつかうかは、赤ちゃんが自分で決めることです。なぜなら、その赤ちゃんにいちばんあったベビーサインのつかい方を知っているのは、赤ちゃん自身だからです。

6 Baby Sign Stories

エピソード……ベビーサイン・ストーリー

私たちのもとには、ベビーサインの研究をとおして知りあったたくさんの家族から、ベビーサインにまつわる心あたたまるエピソードがよせられています。これは私たちにとってなによりの喜びで、疲れているときでも、こうしたエピソードを耳にするだけで元気がわいてきますし、自然に笑顔になってしまいます。そのうえ、ひとつひとつのエピソードは、幼い赤ちゃんにとってもコミュニケーションは大切なものである、という私たちの信念を裏付けてもくれます。

このような、お母さんたちからよせられる「ベビーサインに出会えてよかった」という声に励まされて、私たちは本書を世に送りだしたいと思うようになりました。本書を無事に完成させることができたのは、私たちのためにわざわざ時間をさいてくれたり、こころよく赤ちゃんを研究に参加させてくれたり、ベビーサインにまつわるエピソードを話してくれたりした、たくさんの家族の協力があったからこそです。

残念ながら、その全部を掲載することはできないので、私たちのお気に入りのエピソードを選りすぐって本章で紹介したいと思います。

クモ、なくなったよ

その日ジャッキーは、自宅のガレージで一歳二か月のオースティンを遊ばせながら、バザーにだすベビー服を整理していました。

ジャッキーがベビー服の入ったダンボール箱をもちあげると、箱の下から大きなクモがはいだしてきて、ガレージのなかをよちよちと歩きまわっていたオースティンのところへ近づいていきました。クモに気づいたオースティンは、それをじっとみつめ、ジャッキーに向かって〈クモ〉のベビーサインをしたかと思うと、突然、履いていたスニーカーでクモを踏みつぶしました。そして、ベビーサインで〈なくなった〉と言うと得意げに微笑みました。

ジャッキーは、オースティンの大胆な行動にもびっくりしましたが、オースティンがいま起こった出来事をきちんと伝えられたことにも、すっかり驚いてしまいました。

オースティンが言ったとおり〈クモ〉はまさに〈なくなって〉しまったのです。

鼻をクンクン、お花をちょうだい

一歳三か月のレアンヌは、祖母のスーザンといっしょに家の前のポーチに座り、ペロペロキャンデーをなめていました。キャンデーをひとなめしては、レアンヌがベビーサインで〈もっと〉と言い、スーザンが「もっとキャンデーがほしいの？」と聞くと、レアンヌが「うん」と答えてもうひとなめする。そんな単純なくりかえしを、まるでおもしろい遊びでもみつけたかのように、ふたりはあきることなく楽しんでいたのです。

途中、庭にきれいな花が咲いているのに気づいたスーザンは、レアンヌにその花をとってきてあげましたが、その後もふたりは、また同じ会話をくりかえして遊びつづけました。

数分後、レアンヌが〈もっと〉と言うので、スーザンはそれまでどおり、「もっとキャンデーがほしいの？」とたずねました。ところが、レアンヌは「ううん」と言いながら首をふります。スーザンは、聞きまちがえたのかと思い、レアンヌにもう一度「もうキャンデーはいらないの？」と聞いてみました。すると、レアンヌは、〈もっと〉と言ってから、匂いをかぐしぐさをしてみせました。それはレアンヌが〈花〉をあらわすときのベビーサインです。「わかったわ。お花がほしかったのね」とスーザンが言うと、レアンヌはうれしそうに「うん」と答えました。

スーザンは、レアンヌにあげる花をつみながら、ベビーサインが赤ちゃんに与える力の大きさに、あらためて感動していました。ベビーサインをつかえば、まだ話すことのできない赤ちゃんでも、自分の考えや気持ち、してほしいことを伝えることができるのです。

父と子の絆

一歳一か月のブライスは、夜泣きの激しい赤ちゃんで、その日も夜明け前に目をさまして大声で泣きはじめました。母親のカレンにゆり起こされた父親のノームは、カレンの「あなたの番よ」という寝ぼけた声を何度か無視したあと、やっとのことでベッドからはいだし、ブライスをなだめにかかりました。けれど、抱きあげてあやしても、ブライスはいっこうに泣きやみません。そこでノームは、ブライスを抱いて家からでると、ポーチにおかれたゆりイスに腰かけました。

ほんとうなら、あたたかいベッドのなかで眠っているはずの朝の五時半に、なんでこんなところで座っていなければならないのかと思うと、ノームの心のなかにはいらいらした気持ちがこみあげてきます。

それでも、ゆりイスにゆられているうちに少し落ちついたのか、ブライスの泣き声はすすり泣きにかわってきました。地平線から顔をだしはじめた太陽にブライスが気づいたのはこのときです。ブライスは涙でぬれた瞳をノームに向け、すすり泣きながら、両手でグーとパーをくりかえしました。〈光〉というベビーサインです。そのとたん、ノームのいらだった心は、あとかたもなく消え、あたたかい気持ちがこみあげてきました。ノームは、ブライスを強く抱きしめて言いました。

光
light

「そうだよ、ブライス。太陽は空にのぼって、私たちに光を恵んでくれるんだよ」

この日の出来事は、息子とすごしたすばらしい思い出のひとこまとして、ノームの心にあざやかにきざまれています。

魚はどこだ?

ブランドンのお気に入りのベビーサインは〈魚〉でした。だからなのでしょう。ブランドンは、あちらこちらで〈魚〉をみつけては、お父さんやお母さんにそれを伝えるのが大好きでした。そんなブランドンの両親、リサとジムが話してくれたのは、ブランドンが一歳三か月ではじめて飛行機に乗ったときのエピソードです。

ブランドンの家族が飛行機に乗りこみ、座席に腰をおろしたとたん、ブランドンは窓の外をみながら、懸命に唇で「パッパッ」という音をたてはじめました。ブランドンの〈魚〉をあらわすベビーサインです。ジムとリサは窓の外に目をやりましたが、強い雨が窓に吹きつけ、滝のように流れ落ちているだけで、魚らしきものはどこにも見えません。それでもブランドンは、窓と両親を交互にみつめながら、〈魚〉のベビーサインをくりかえしています。ブランドンがなにかを伝えたいと思っていることはよくわかるのですが、いったいブランドンがなにを言おうとしているのか、ジムとリサには見当もつきませんでした。

ふたりは、しばらくのあいだ途方にくれて楕円形の窓を眺めていましたが、突然、その窓にみおぼえがあるような気がしてきました。「わかった。この窓、うちにある水槽にそっくりなんだ」そう気がつくとジムとリサは、ブランドンを抱きしめて言いました。「そのとおりだよ、ブランドン。これは魚のお家だよ」ブランドンの顔に大きな笑顔が浮かんだことは言うまでもありません。

小さなブランドンがこんなにも鋭い観察力をもっていて、しかもその発見をきちんと伝えることができたということは、リサとジムにとってうれしい驚きでした。

もっと、もっと、もっと!!

キーシャは、一歳三か月の活発な女の子です。もらったクラッカーを全部食べてしまったので、父親のビルに〈もっと〉とベビーサインで訴えましたが、バスケットボールのテレビ中継に夢中になっているビルは、ちっとも答えてくれません。

1歳6か月のブランドンが、〈もっと〉というベビーサインをつかって、「もう1枚、写真をとって」と、おねだりをしています。

何度か〈もっと〉というベビーサインをくりかえしたあと、キーシャは腹立たしげにビルの顔の真ん前に片手をつきだし、その手のひらを反対の手の人差し指で強く打ちつけてみせました。ビルは、そのときのことをふりかえり、まるでキーシャが「もっと、もっと、もっと」と叫んでいるようだったと話しています。

キーシャが初めて大声で叫んだのも同じ日の朝だったので、母親のジュディは、この偶然をとてもおもしろいと思いました。台所にいたビルとジュディを最初はふつうの声で呼んでいたキーシャが、次には「マーマ、パーパ」と叫ぶような大声で呼んだのです。このことからビルとジュディは、キーシャの頭の中で、ベビーサインと話し言葉が同じように発達していることを確信したのでした。

見て！〈鳥ウマ〉がいるよ

一歳七か月のマイカが、お父さんといっしょにウィンドウショッピングを楽しんでいたときのことです。マイカは、あるものに目をとめたかと思うと、突然、興奮して〈鳥〉と〈ウマ〉のベビーサインを交互にくりかえしはじめました。お父さんが「鳥がいるのかい？」とたずねても、マイカは首をふりながら、〈鳥〉と〈ウマ〉のベビーサインをくりかえすばかりです。

そのときです。お店の天井につるされている大きなモビールがお父さんの目にとびこんできました。そして、ようやくお父さんにも、マイカがなにを伝えようとしているのかがわかりました。そのモビールは、明るい色の羽を広げたユニコーン（一角獣）だったのです。ユニコーンは、マイカとお父さんの頭の上を、クルクルとまわりつづけていました。

一歳七か月のマイカが、ふたつのベビーサインを組みあわせて新しい言葉をつくりだすことができるなんて！　お父さんは、マイカの大発見に驚き、マイカがこんなにも豊かな創造力をもっていることを心からうれしく思いました。

ヘルメット探しのロビン

第三章で紹介したロビンという女の子のことを覚えていますか？　ベビーサインをつかうようになるまでに二か月もかかったあのロビンです。一歳半になったロビンは、かなりの数のベビーサインをつかいこなすようになり、ベビーサインを組みあわせて複雑な概念をあらわすこともできるようになりました。

このエピソードは、ロビンの両親のマークとエレンから聞いた話です。

それはアイスクリーム屋からの帰り道のことでした。なにか気にかかることがあったのか、突然、ロビンが道端にとまっていた一台の自転車にかけよりました。そして、自転車をみまわしてもどってくると、マークとエレンに向かって、自分の頭を軽くたたき、手のひらを上に向けて肩をすくめてみせたのです。マークとエレンには、それが〈ぼうし〉と〈どこ？〉をあらわすベビーサインだということはすぐにわかりましたが、ロビンがこのふたつのベビーサインでなにを言おうとしているのかを理解することはできませんでした。けれどもロビンは、ふたりの顔と自転車を交互に見ながら、ベビーサインをくりかえしています。懸命になにかを伝えようとするロビンの目をみつめているうちに、エレンの頭の中でなにかがひらめきました。ロビンは、自転車の帽子、つまり「ヘルメットはどこ？」と聞いていたのです。

ロビンの家族が住んでいる町には大きな大学があり、学生たちの多くが自転車を利用していました。そのためか、この町では、自転車に乗るときにヘルメットを着用することが法律で義務づけられていたのです。ですから、道端にとめられている自転車には、たいていヘルメットがぶらさがっています。けれども、ロビンが見た自転車には、ヘルメットがついていませんでした。そのことがロビンには不思議だったのでしょう。

この日、ロビンの両親から私たちのところへ、はずんだ声で電話がかかってきました。ロビンがこんなにも創造的にベビーサインをつかうことができるようになったということは、私たちにとってもうれしいニュースでした。

いたくしないで

キャサリンは、乳幼児をあずかる保育園の園長です。保育園にかよってくるたくさんの赤ちゃんとのコミュニケーションに役立てるため、数年前からベビーサインをつかうようになりました。

ある日、キャサリンは、いつものように一歳八か月のトーシャのオムツを替えようとして、トーシャの足首をもち、そのまま高くもちあげました。すると、かすかにトーシャが「……たい」とつぶやく声が聞こえました。「どうしたの？　なにか言った？」と聞くと、トーシャは両手をさしだして、片手の甲を反対の手の指先でやさしくなでてみせました。トーシャが〈そっと〉と言うときのベビーサインです。

「ごめんなさい、トーシャ。いたかったのね。そっともたなくちゃいけなかったわね」ベビーサインのおかげで、自分の失敗に気づいたキャサリンは、すぐにトーシャの足首を優しくもちかえました。

こうした毎日の経験からキャサリンは、ベビーサインは家庭だけではなく、保育園のような場所でも十分に役立てることができると確信するようになりました。そのためキャサリンの保育園では、ベビーサインを乳幼児プログラムの一環としてとりいれ、保育園の職員だけではなく、園児の家族にも勧めるようにしています。

おやすみ、スーティ

ザックはイヌが大好きな男の子です。まだ生後十一か月だったころから、息をハアハアさせるベビーサインで〈イヌ〉をあらわすことができるようになり、町でイヌをみかけたり、イヌの絵本を読んだり、テレビに映っているイヌを見たりするたびに、このベビーサインをつかうようになりました。

ザックは、毎日何度もこのベビーサインをつかっていたので、一歳一か月になるころには、家の外でイヌが吠えていると、手を耳にあてて〈音〉をあらわし、それから〈イヌ〉のベビーサインをつかって、「イヌが吠えている」と話すことさえできるようになっていました。なかでもお気に入りだったのは、隣の家で飼われていたスーティというイヌで、ザックはスーティの声が聞きたくなると、〈音〉と〈イヌ〉のベビーサインでそれを伝えるようになりました。

ある晩のこと、ザックがこのふたつのベビーサインをしたので、お母さんが「スーティの声が聞きたいの？　寝室に行ってスーティの声を聞こうか？」と言うと、ザックはうれしそうにうなずきました。ところが、寝室に行ってもイヌの声は聞こえてきません。お母さんが「きっとスーティは眠っているのね」と言うと、ザックはがっかりしたようすでしたが、このことをお父さんに伝えようと、リビングルームへ走っていきました。

１歳４か月のターナーは、〈音〉というベビーサインをつかって、電話がなっていることを知らせました。

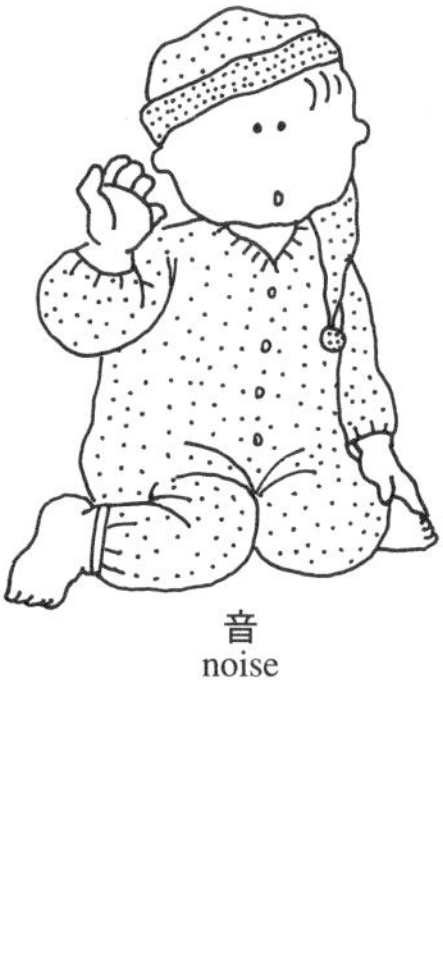

音
noise

「パパ」、そう言うとザックは、ベビーサインで〈イヌ〉と〈寝る〉をあらわしました。ザックは、話し言葉とベビーサインをつかって三つの言葉を組みあわせ、スーティが眠っていることをお父さんに伝えようとしたのです。

このときザックは、まだ一歳三か月でした。ザックが話し言葉だけで同じことができるようになったのは、それから八か月がすぎた一歳十一か月になってからのことです。ザックのお父さんとお母さんは、もしベビーサインがなければ、話し言葉をつかえるようになるまでのあいだ、ザックの心にあふれているたくさんの「話したいこと」を聞き逃してしまったにちがいない、と考えています。

寝る
sleep

ミルク、ちょうだい

これまでの章でもお話ししましたが、せっかく赤ちゃんがベビーサインをつくりだしても、お父さんやお母さんがそれに気づいてあげられないことがよくあります。一歳のメーガンがベビーサインをつくりだしたときもそうでした。

ある日、メーガンの両親であるジャックとキャロルは、メーガンが片手でこぶしをつくり、それを上下にふって、なにかを訴えようとしていることに気づきました。けれども、それがどういう意味なのかはわからないまま、数日が過ぎてしまいました。

そんなある晩のことです。キャロルが温めた哺乳びんを電子レンジからとりだし、なかのミルクが適温になるように上下にふりながらメーガンに近づくと、メーガンはミルクがもらえるとわかったのか、ニコニコしながらこぶしを上下に動かしはじめました。その瞬間、キャロルは気がつきました。メーガンは哺乳びんをふるまねをしているんだわ！　もしかすると、この数日のあいだメーガンは、ミルクがほしいと言おうとして、こぶしをふっていたのかもしれない。

キャロルは、自分の考えが正しいかどうかを試してみようと思い、その後、メーガンがこぶしをふるたびに「ミルクが飲みたいの？」と聞いてみることにしました。するとどうでしょう。そのたびにメーガンは、うれしそうにうなずくではありませんか。

キャロルは、大喜びで友だちのライラに電話をしました。以前、ライラが夫婦でベビーサインのワークショップに参加した、と話していたのを思いだしたからです。

その後、私たちはライラをとおして、ジャックとキャロルに出会いました。ふたりは、ベビーサインの研究成果を知り、実際にベビーサインをつかっている家族の話に共感して、それ以後、メーガンとのコミュニケーションに積極的にベビーサインをとりいれるようになりました。

私たち、親友よ

一歳五か月のカラとレビは、同じ保育園にかよっている大の仲良しです。ある朝のこと、レビは、保育園まで送ってきてくれたお母さんと別れるのが悲しくて泣きだしてしまいました。それを見ていたカラは、母親のジョイスに向かってレビを指差してから、両手で目をおおって〈悲しい〉というベビーサインをあらわしました。

「そうよ、カラ。お母さんがいってしまったので、レビは悲しいのね」とジョイスが答えると、カラは心配そうにレビのところにいき、唇で「パッパッ」と音をたててみせました。カラが〈魚〉をあらわすときのベビーサインです。そんなふたりのやりとりを見ていた先生のローラには、カラが言おうとしていることがすぐにわかりました。この保育園では、お父さんやお母さんとうまくさよならをすることができなかった子どもがいると、金魚にエサをあげさせて、気をまぎらわせるようにしていたからです。

ローラは、ふたりのところへいって、「レビ、お母さんと別れるのが悲しかったの？　大丈夫、すぐに迎えにきてくれるわ。金魚にエサをやれば元気がでるよ、ってカラが言ってるわよ」と声をかけ、レビを水槽のところへつれていきました。自分の気持ちをわかってもらえたのがうれしかったのでし

悲しい
sad

ょう、カラは、ちょっぴり誇らしげな顔つきで、ふたりにつづきました。

小さなネコには、小さなベビーサイン

スクラフィとダスティは四歳のネコたち。二匹はポウリス家の王子さまとお姫さまのような存在です。そのため、ポウリス家の赤ちゃん、ローズが最初に覚えたベビーサインは〈ネコ〉でした。ネコをなでるようすをまね、右手で左手の指先から肘《ひじ》までをやさしくなでてあらわします。

一歳一か月になると、ローズは、スクラフィとダスティをあらわすときだけでなく、さまざまな場所でネコをみつけるたびに〈ネコ〉のベビーサインをつかうようになっていました。ふつうだったらみすごしてしまいそうなほど遠くにいるネコにまで気がついて、ベビーサインで伝えようとするローズのことを、お父さんもお母さんもほほえましく思っていました。

そんなローズがはじめて子ネコを目にしたのは、一歳二か月のときでした。いつもどおり〈ネコ〉のベビーサインをつかうだろうと思っていたお父さんとお母さんは、ローズのベビーサインを見て、驚きました。ローズが〈ネコ〉をあらわすときは、いつも左手の肘までなでてあげていたのに、その日は右手で左手の指だけをなでると、そこで動きをとめてしまったのです。ローズは、左手の指だけをなでる動きを何度もくりかえしながら、ふたりの顔をうれしそうにみつめています。

お父さんとお母さんは、信じられないような思いで、そのようすをみつめていました。ローズは、意図的にベビーサインの動きを小さくして、目の前にいるネコが子ネコだと伝えようとしていたのです。一歳二か月の女の子にこんな知恵があるなんて、だれが想像できたでしょうか。

ワニがついてるのじゃなきゃダメ

一歳三か月のエミリーが癇癪《かんしゃく》をおこしました。父親のエドが、昼寝をさせるためにエミリーをベビーベッドに寝かせ、リビングにもどってくるやいなやの出来事です。エドには、なぜエミリーが癇癪をおこしているのかわかりません。だって、やらなければいけないことは、完璧にやったはずなのですから。ミルクは飲ませたし、オムツもとりかえました。洋服を脱がせて下着一枚にしましたし、オルゴールはお気に入りの子守唄を奏でています。いったいなにがいけなかったのでしょう。

子ども部屋のドアを開け、エミリーの顔を見た瞬間、エドはすべてを理解しました。エミリーは、目に涙を浮かべながら片手でベビーベッドの柵を握りしめ、もう一方の手をすぼめて、それを何度も唇におしつけていたのです。

「ごめんよ、エミリー。パパは、おしゃぶりを忘れちゃったんだね」エドは、そう言ってエミリーにあやまると、すぐに引き出しからおしゃぶりをとりだして、エミリーにわたしました。

けれどもエミリーは、ふくれっつらをしたまま、首を激しくふりつづけます。

「どうしたんだい？　おしゃぶりがほしかったんだろ？」とエドが聞くと、エミリーは大きくうなずきながら、手首をくっつけて両手をさしだし、それを打ちあわせはじめました。〈ワニ〉をあらわすエミリーのベビーサインです。

「わかったよ。ワニのついたおしゃぶりじゃないとだめなんだね」エドがそう言うと、エミリーは「そのとおり」とでも言うかのように、にっこりと微笑みました。ワニのおしゃぶりをくわえたエミリーをベッドに寝かしつけ、子ども部屋のドアを閉めながら、エドはホッとため息をつきました。今度こそすべてうまくいったはずだ、と。

やめて、そっとしてね

一歳八か月のレイニーがかよっている保育園に、マーラという新しい友だちがやってきました。マーラは、よく笑う人なつっこい女の子でしたが、レイニーにはひとつだけどうしてもがまんできないことがありました。それはマーラがよく抱きつくことです。それもマーラの抱きつき方といったら、軽く抱きつく、というものではありません。マーラは、とても大柄な女の子だったのですが、その体全体をつかって、ギュッと抱きしめるのです。その痛いことといったら、たまりません。マーラに一、二度抱きすくめられてからというもの、レイニーはマーラが近づくだけでパニックを起こすようになってしまいました。

そのようすを見ていた先生は、どうすればいいのかしら、とちょっと不安になりましたが、ベビーサインをつかえばこの問題を解決できると、すぐに気がつきました。先生は、レイニーを呼んで、次にマーラが近づいてきたときには、すばやく手のひらを外に向けて押しだして〈やめて〉と伝えるように言いました。ただし、抱きついてくる相手に、ちょうどいいタイミングで〈やめて〉というベビーサインをつかうのはなかなかむずかしいので、レイニーと先生は、ふたりでタイミングをつかむ練習をすることにしました。

何度か練習をくりかえしたあと、レイニーは、近づいてきたマーラに向かって、このベビーサインをつかいました。成功です！　レイニーは、〈やめて〉というベビーサインで、マーラを立ち止まらせることができました。それだけはありません。なんとレイニーは、〈やめて〉というジェスチャーにつづけて、家でつかっている〈そっと〉というベビーサインをつかったのです。これには先生もすっかり驚いてしまいました。

しばらくすると、この保育園にかよっているほかの子どもたちも、このふたつのベビーサインをつかうようになりました。抱きついてくるマーラをとめるときだけではありません。だれかが少し乱暴

やめて
stop

になりすぎたときにも、このふたつのベビーサインは効果を発揮しました。

保育園では、ベビーサインをつかう赤ちゃんは、オムツをしているときから自分の意見をはっきりと言うことができるようになる、と園児の家族に説明していましたが、まさにそのとおりだといえるでしょう。

ブタさんはどこへ行っちゃったの？

ブランドンが家族といっしょに、近くの町で毎年開かれる恒例のバザーにでかけたのは、一歳三か月のときでした。ブランドンは以前から、絵本などでブタの絵を見ると、鼻の先を人差し指でたたいて〈ブタ〉のベビーサインをあらわすことができるようになっていたのですが、本物のブタを目にしたのはこの日がはじめてでした。ブランドンは、丸々と太ったそのブタがすっかり気に入ってしまい、バザーの間中、何度もベビーサインで〈ブタ〉が見たいと言うので、両親のほうが困ってしまうほどでした。

それから一か月半後、ブランドンの家族は、ふたたび同じ町にでかけました。みんなでおしゃべりをしながら道を歩いていると、ブランドンがまるでなにかを訴えるかのように、〈ブタ〉というベビーサインをくりかえしはじめました。ブランドンがあまり一所懸命にベビーサインをくりかえすので、

1歳1か月のトリスタンが右手でブタを指差しながら、左手の人差し指を自分の鼻におしつけて〈ブタ〉のベビーサインをしています。

ブタ
pig

お父さんとお母さんは気になってあたりをみまわしてみましたが、どこにもブタの姿はありません。「そうだ！」とふたりは同時に気がつきました。このあいだ、太ったブタがいたのは、ちょうど今歩いているこのあたりだったのです。お父さんとお母さんが、「そうそう、このあいだ、ここでブタを見たね」と言うと、ブランドンはそれで満足したのか、にっこりして、もう〈ブタ〉のベビーサインをくりかえそうとはしませんでした。

このブランドンのエピソードは、私たちが本書をとおして伝えたいと思っていることを、はっきりと示しています。それは、「ベビーサインは赤ちゃんの心をのぞく窓である」ということです。この

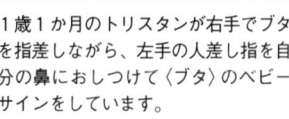

窓をとおして、ブランドンのお父さんとお母さんは、ブランドンがなにを考えているのかを知ることができました。そのうえ、ブランドンの記憶力のすばらしさにも気づくことができたのです。あなたもベビーサインの世界に一歩踏みだせば、ここで紹介したお父さんやお母さんと同じ喜びを経験することができるでしょう。

7 From Signs to Speech
ベビーサインから話し言葉へ

ジグソーパズルをつくったことのある人なら、終わりが近づいてきたときのワクワクした気分を味わったことがあるでしょう。あのときの気持ちを思いだしてください。

最後の何ピースかになってくると、ピースが勝手にパズルの正しい位置にとびこんでいくような気がしませんか？　選択肢が少なくなってくるにつれてパズルを埋めるスピードが速くなり、ひとつのピースを埋めると、その隣もすぐに埋めることができるようになります。勢いづいてくると、なにか緊急事態でも発生しないかぎり、パズルが完成するまで、あなたは机から離れたくないと思うでしょ

う。

赤ちゃんが言語パズルを完成させていくときも同じです。言語パズルのピースがひとつ、またひとつと埋まって、言語の全体像が少しずつ姿をあらわすにつれて、赤ちゃんはさらに夢中になってパズルにとりくむようになります。ベビーサインをつかっている赤ちゃんは、コミュニケーションのおもしろさや、ものには名前があること、自分がいろいろなものについて話せば、まわりの人たちが喜んで答えてくれることをすでに知っています。ですから、話し言葉という次のピースを埋めるために赤ちゃんが身につけなければならないのは、残すところ複雑な音を組みあわせる能力だけです。そこで赤ちゃんは、少しでも早くパズルのピースを埋めたいという、どうしようもない思いにかられて、急速に話し言葉を獲得しはじめるのです。

7-1 赤ちゃんの世界の広がり

さきほど私たちは、赤ちゃんが話し言葉を身につけていくようすを「どうしようもない思いにかられて」と言いましたが、この表現には深い意味があります。ここで私たちが言いたいのは、話し言葉には、磁石のように赤ちゃんをひきつける力がある、ということなのです。

東京でもボルネオでも、世界中の赤ちゃんはみな、話し言葉を身につけていきます。もちろん、話される言葉は、それぞれの国や文化によってちがいますが、共通しているのは、話し言葉をつかってなにかを伝えようとすれば、複雑な音のパターンをつかいこなさなければならない、ということです。それでも、身体的、または精神的な問題がたちはだかっている場合を除いて、すべての赤ちゃんが、話し言葉を獲得していきます。赤ちゃんが話し言葉を身につけるのは自然なことであり、それを止めることは誰にもできないのです。

では、ベビーサインをつかっている赤ちゃんの場合、ベビーサインでコミュニケーションできるのですから、それだけで満足してしまって、話し言葉を身につけようという気持ちが薄れてしまうことはないのでしょうか?

もちろん、赤ちゃんは、そんなことを考えたりしません。なぜなら、赤ちゃんが成長するにつれて、赤ちゃんの世界は広がり、コミュニケーションのニーズが変わっていくからです。そしてそれにつれて、より複雑なことを、より正確に伝えることのできるコミュニケーション手段を獲得したいという気持ちが、赤ちゃんのなかで強まっていきます。すると赤ちゃんは、すでに埋められている言語パズルのピースの力を活用しながら、今、自分が必要としている新しい能力を身につけようとしはじめます。なかでも大切なのは、記憶力の発達、概念の理解、話し言葉との接触、そして発語するための身体的な成長で、赤ちゃんが複雑な音を組みあわせて文をつくり、会話をすることができるようになるためには、どれも欠かすことができないものなのです。

それでは、赤ちゃんのコミュニケーションのニーズというのは、いったいどのように変化していくのでしょうか。一歳をすぎた赤ちゃんの生活の変化を考えてみてください。そのころになると赤ちゃんは、新しいところへでかけ、新しい人と出会う機会が多くなります。また、赤ちゃんができることも、考えることも急速に増えていきます。そして、それらすべてが「話せるようになりたい」という赤ちゃんの気持ちを強めるきっかけとなるのです。

歩けるようになったとき

赤ちゃんは、成長するにつれて、一か所でじっとしていることが少なくなります。ハイハイで行くしかなかったところへ歩いて行くことができるようになり、歩いて行っていたところへ走って行くことができるようになります。好奇心でいっぱいの赤ちゃんは、部屋の隅や二階、入ったことのない部屋などの探索に夢中になるでしょう。赤ちゃんが小さいうちは、親のほうも四六時中姿が見えていなければ不安ですが、赤ちゃんの成長とともに、少しずつ安心して目を離すことができるようになります。そうなればますます赤ちゃんは、自分の世界を自由に探検することができるようになっていきます。

ところが、赤ちゃんがお母さんから離れて行動することが多くなると、ひとつ大きな問題が生じてきます。それは、赤ちゃんとお母さんが離れたところにいると、おたがいに姿を見ることができないので、ベビーサインがつかえなくなるということです。そうなると、赤ちゃんは伝えたいことがあっても、それをお母さんに伝えることができなくなってしまうのです。

けれども、話し言葉はちがいます。話し言葉なら大声さえだせば、ちがう部屋にいても話をすることができます。ですから、赤ちゃんの行動範囲が広がれば広がるほど、赤ちゃんが話し言葉を必要とする機会も増えていくのです。

新しい人たちとの出会い

赤ちゃんが成長し、行動範囲が広がると、赤ちゃんはより多くの人たちと出会うようになります。公園やプールにきている同じ年頃の赤ちゃんとその家族、いつも買い物に行くスーパーのレジのお姉さん、近所のおじさんやおばさんなど、ちょっと家の外にでるだけで、たくさんの人たちが赤ちゃんに声をかけてきます。赤ちゃんが小さいときには、お父さんやお母さんに話しかけていた人たちが、だんだんと赤ちゃんに直接話しかけるようになるのです。また、保育園の乳児クラスからひとつ進級すると、新しい友だちとの出会いも待っています。こうして赤ちゃんの世界が広がっていくにつれて、ベビーサインがつうじない人たちと出会う機会は、どんどん増えていきます。

もちろん、ベビーサインのなかには、大人のジェスチャーに似ているため、理解しやすいものもあります。たとえば、親指を口元にあててあらわす〈飲む〉というベビーサインや、手のひらを上に向けて腕を広げる〈わからない〉というベビーサインなら、ベビーサインを知らない人にでも言いたいことは伝わるでしょう。ところが、指先で頬をなでて〈ネコ〉をあらわすような家族にしかつうじない独特のベビーサインの場合は、なかなか理解してもらうことができません。そこで赤ちゃんは、なんとかして話し言葉を身につけようとしはじめます。つまり、ベビーサインを知らない人たちとの新しい出会いが、赤ちゃんが話し言葉を身につけようとする動機になるのです。

新しい遊びに夢中

赤ちゃんが成長するにつれて、赤ちゃんの遊びの種類も、どんどん増えていきます。体を動かす能力、なかでも手をつかう能力が発達してくるので、赤ちゃんは、ぬりえやパズル、ジャングルジムなど、手をつかう遊びを好むようになります。

そうなると、手をつかわなければならないベビーサインは、赤ちゃんにとって、だんだん不便なものになってきます。こうして、毎日の生活のなかで手をつかう活動が増えてくるにつれて、赤ちゃんは、手をつかわなくてもすむ話し言葉を、より多くつかうようになっていくのです。

もっともっと話したい

一歳三か月の赤ちゃんが、飛んでいるモンシロチョウを見て、「チョウチョウを見た」と言うことができれば、それはすばらしいことです。それだけのことを言うためなら、話し言葉でもベビーサインでも、「チョウチョウ」と「見た」というふたつの言葉を知っていれば十分です。けれども、赤ちゃんの知能が発達して、身のまわりの世界についての知識が増えてくると、話したいと思うことがらはどんどん複雑なものになっていきます。そのころになると赤ちゃんは、もう「チョウチョウを見た」というだけでは満足できなくなります。「このチョウチョウは昨日見たチョウチョウと似ている」とか、「さなぎはいずれチョウチョウになる」とか、そういうことを話したくなるのです。

いうまでもなくベビーサインでは、そのような複雑なことは話せません。ベビーサインで伝えることができるのは、赤ちゃんの狭い世界のことだけなのです。赤ちゃんが「昨日」や「さなぎ」などの概念を理解することができるようになったら、それは赤ちゃんがベビーサインに別れを告げるときだといえるでしょう。赤ちゃんは、本能的にそのときを知っています。そして、そのときがくると自然にベビーサインをつかわなくなり、積極的に話し言葉をつかいはじめるようになるのです。

7-2
ベビーサインから話し言葉への移行

赤ちゃんは、しばしば、毎日いっしょにいる親でさえ驚いてしまうほど急に成長したように思えるときがありますが、あるものをあらわすのにベビーサインをつかっていた赤ちゃんが、話し言葉だけでそれを言えるようになるまでには、やはりそれなりに時間がかかるものです。なかには、ある日突然、話し言葉をつかうようになって、それまでつかっていたベビーサインをまったくつかわなくなってしまう赤ちゃんもいますが、たいていの場合、話し言葉への移行はゆっくりとした過程をたどります。

ひとつの例として、人差し指で歯をみがくまねをして〈はぶらし〉をあらわしていた一歳六か月のメーガンが、話し言葉をつかうようになったときのようすを見てみましょう。

（1）約五か月のあいだ、メーガンはお母さんといっしょに歯を磨くとき、いつもベビーサインだけをつかって〈はぶらし〉をあらわしていました。

（2）一歳六か月になると、話し言葉らしき声をだすようになりましたが、つねにベビーサインをいっしょにつかっていました。両親は、メーガンの話し言葉を聞いても、メーガンがなにを言いたいのか理解することができなかったので、ベビーサインをとおして意味を理解していました。

（3）その後、二週間たらずでメーガンは、話し言葉とベビーサインを同じようにつかえるようになりましたが、ほとんどの場合、このふたつを同時につかっていました。

（4）しばらくするとメーガンは、話し言葉の方をよくつかうようになりました。ときどきベビーサインと話し言葉をいっしょにつかうこともありましたが、だんだんと話し言葉だけをつかうことが多くなってきました。

（5）やがて、特別な場合をのぞいて（本章の最後にくわしく説明してあります）、メーガンは話し言葉だけをつかうようになり、ベビーサインから話し言葉への移行が終了しました。

はぶらし
tooth brush

7-3 赤ちゃんがベビーサインをつかう期間

私たちがよく受ける質問に、「ベビーサインをつかいはじめてから、どのくらいで話し言葉への移行がみられるようになりますか?」というものがあります。言いかえると「ふつう赤ちゃんは、どのくらいの期間、ベビーサインをつかうのか?」ということですが、これはとても答えにくい質問です。正直なところ私たちは、「赤ちゃんによってまちまちです」としかお答えできません。ただ、赤ちゃんがベビーサインをつかう期間を決定する大きな要因は、ふたつあると考えられます。ひとつは、そのベビーサインに該当する話し言葉がもつ言語的な特徴で、もうひとつは、ベビーサインをつかっている赤ちゃん自身の個性です。

ひとつめの要因である話し言葉の言語的な特徴と、その言葉を赤ちゃんが話せるようになるまでの時間との関係は、はっきりしています。前にもお話ししましたが、ベビーサインが「ボール ball」や「モア more（もっと）」、「キティ kitty（ネコの幼児語）」のような発音しやすい話し言葉のかわりにつかわれている場合、そのベビーサインは比較的短期間で話し言葉に移行します。ここで短期間というのは、だいたい二週間から二か月ぐらいだと思ってください。反対に、「エレファント elephant（ゾウ）」や

「バタフライ **butterfly** （チョウチョウ）」などの発音しにくい言葉の場合には、ベビーサインが長くつかわれることになります。

たとえばジャスティンの場合、〈ボール〉というベビーサインが話し言葉にかわるまでには一か月しかかかりませんでしたが、一歳二か月のときからベビーサインであらわしていた「バタフライ」や「アリゲーター **alligator** （ワニ）」、「ダイナソー **dinosaur** （恐竜）」を話し言葉で言えるようになったのは、二歳になってからでした。

ふたつめの要因である赤ちゃんの個性というのは、それぞれの赤ちゃんにあったベビーサインのつかい方のことです。これは、第一の要因とくらべるとわかりにくいものですが、非常に興味深いものです。ベビーサインをつかっているたくさんの赤ちゃんのようすを観察しているうちに、どうやら赤ちゃんには、大きくわけてふたつのタイプがあり、ベビーサインのつかい方が微妙に異なっているということがわかってきました。次に、このふたつのタイプで、どのようにベビーサインがつかわれているのかを具体的にみていくことにしましょう。

恐竜
dinosaur

〈ベビーサインと話し言葉を組みあわせてつかうタイプ〉

ひとつめのタイプの赤ちゃんは、気持ちを伝えることがいちばん大切だと考えていて、コミュニケーションをスムーズにするためにベビーサインをつかいます。ベビーサインか話し言葉かというちがいにこだわることなく、とにかく自分がつかえる「言葉」の数を増やそうと一所懸命なのが、このタイプの赤ちゃんです。ですから、〈花〉というベビーサインは知っているけれど、〈ピエロ〉というベビーサインは知らない場合、このタイプの赤ちゃんは、「花」よりも「ピエロ」という話し言葉を先に身につけようとします。つまり、ベビーサインであらわせるものはベビーサインであらわし、話し言葉を覚えるときには、ベビーサインであらわせないものから先に覚えようとするのが、このタイプの赤ちゃんなのです。このような赤ちゃんは、ある言葉をベビーサインであらわしはじめると、比較的長い間、そのベビーサインをつかうことになります。

たとえば、さきほど紹介したジャスティンは、まさにこのタイプの赤ちゃんでした。ジャスティンは、〈バタフライ〉や〈アリゲーター〉、〈ダイナソー〉のほかに、八つ以上のベビーサインを二歳になるまでつかいつづけました。これは、ジャスティンの話し言葉の発達が遅かったからではありません。それどころかジャスティンは、二歳になるころには二百近くもの話し言葉をつかうことができるようになっていたのです。

キーシャという女の子もまた、話し言葉とベビーサインを組みあわせて、つかえる言葉の数を増やそうとするタイプの赤ちゃんでした。セサミストリートの大ファンだったキーシャは、一歳二か月のときからクッキーモンスターをあらわすベビーサインをつかうようになり、一歳十か月になるまでそれをつかいつづけました。これは、非常に長い期間だといえます。

キーシャは、クッキーモンスターと発音することができなかったために、こんなにも長い間ベビーサインをつかいつづけたのでしょうか？　いいえ、そうではありません。一歳六か月のときには、きちんとクッキーモンスターの名前を言うことができたはずです。なぜなら、ちょうどそのころまでにキーシャは、アーニーやバート、オスカーなど、セサミストリートにでてくる他のキャラクターの名前を全部言えるようになっていたからです。そこに欠けていたのは、クッキーモンスターの名前だけでした。きっと、キーシャは、「クッキーモンスターはベビーサインであらわすことができるから、ほかの話し言葉を覚えたほうがいいわ」と考えたのでしょう。

クッキーモンスター
Cookie Monster

〈ベビーサインをすぐに話し言葉に置きかえるタイプ〉

ふたつめのタイプの赤ちゃんは、話し言葉を少しでも早く身につけようとして、ベビーサインを利用します。こうしたタイプの赤ちゃんがいることに私たちが気がついたのは、十か月のブライスがベビーサインをつかいはじめたときでした。ひとつめのタイプの赤ちゃんとは異なり、ブライスは、あるものをベビーサインであらわすことができるようになると、すぐにそれに該当する話し言葉をつかうようになったのです。話し言葉は、ベビーサインよりも二、三週間遅れてつかわれだすことが多かったのですが、ときには、たった一週間遅れで話せるようになったこともありました。どちらにしろ、私たちの予想よりもずっと短期間で、ブライスのベビーサインは次々と話し言葉にかわっていきました。

では、なぜブライスは、ベビーサインであらわせるようになったものを、つぎつぎと話し言葉におきかえていったのでしょうか。ベビーサインをつかうことが、話し言葉の獲得に、なんらかのかたちで役立っていたのでしょうか。

これは私たちの想像にすぎませんが、おそらくブライスがベビーサインをつかったときのお父さんやお母さんたちの豊かな話しかけが、ブライスの話し言葉の発達を促したのではないかと思われます。赤ちゃんが〈カエル〉というベビーサインをあらわすと、ふだんからベビーサインをつかっているお父さんやお母さんなら、自然に「カエルね。こんなところにカエルさんがいるのね」と話し言葉で答えるものです。つまり、ベビーサインをつかっている家庭の赤ちゃんは、ベビーサインをつかえばつかうほど、そのベビーサインに該当する話し言葉を聞く機会が増えることになります。そして話し言葉を耳にする機会が増えれば、赤ちゃんはそれだけ早く音の組みあわせを頭の中にきざみつけること

ケイディのお父さんとお母さんがベビーサインをつかいはじめたのは、ケイディが生後7か月のときでした。ケイディがベビーサインをつかいはじめたのは、その1か月後で、この写真は、9か月になったケイディが、舌を突き出したりひっこめたりするベビーサインで〈カエル〉をあらわしているところです。

カエル
frog

ができるので、より早い時期からその言葉を自分で発音することができるようになるのだと考えられます。

このパターンはブライスのベビーサインすべてにあてはまるわけではありませんが、私たちは、こうしたベビーサインのつかい方があることを知り、とてもおもしろいと思いました。ブライスの姉であるケイディもベビーサインをつかっていましたが、ケイディがブライスのような方法でベビーサインをつかったことはありませんでした。同じ両親から生まれ、いっしょに育っても、言葉を身につける方法は、それぞれの赤ちゃんで異なっているのです。

このように赤ちゃんのベビーサインのつかい方には、大きくわけるとふたつのパターンがありますが、ほとんどの赤ちゃんは、このふたつのタイプの中間にいて、自分の都合にあわせてふたつのパターンを組みあわせながらベビーサインをつかっています。このこともまた、赤ちゃんのベビーサインが話し言葉へ移行するのにかかる時間を、はっきりとお答えすることができない理由のひとつです。結局のところ、赤ちゃんによってベビーサインのつかい方は千差万別である、としか言いようがないのです。

赤ちゃんが、ベビーサインや話し言葉をつかいはじめたら、どうしてこの子は、こんなふうにベビーサインや話し言葉をつかうのだろうか、と考えてみてください。ベビーサインのつかい方には、赤ちゃんによってこうしたちがいがあるということを理解していれば、あなたはきっと、「外からは見えないだけで、赤ちゃんは、いろいろなことを考えているのだ」と気づくことができるでしょう。おとなの目から見ると、赤ちゃんはなにも考えずに行動しているように見えるかもしれませんが、そこには赤ちゃんなりの理由があるのです。そして、ここでもまた、ベビーサインは、私たちがそんな赤ちゃんの心の動きをかいまみるための「窓」の役割を果たしてくれるのです。

7-4 ベビーサインか、話し言葉か？

赤ちゃんが成長するにつれて、ベビーサインはだんだんと話し言葉におきかえられていきますが、話し言葉がつかえるようになった赤ちゃんでも、特別な場合には、ベビーサインをつかうことがあります。そのことは、あなた自身がジェスチャーをつかうときのことを考えてみれば、すぐにわかるでしょう。あなたは、「さよなら」と言えるようになったからといって、手をふるジェスチャーをつかわなくなりましたか？ そんなことはありませんよね。私たちは、ジェスチャーのほうが有効な場合や、ジェスチャーと話し言葉をいっしょにつかったほうがいい場合があることを、本能的に知っているのです。

最後に、話し言葉をつかいはじめた赤ちゃんが、ベビーサインを役立てている例をいくつか紹介しましょう。

伝えたいことをはっきりさせるとき

フランス語がほとんどできないのに、フランス旅行にでかけたとしましょう。あなたが覚えたてのフランス語を話そうとしても、なかなか通じません。そんなとき、あなたはきっと、身振り手振りのジェスチャーが、いかに有効な手段であるかを実感するにちがいありません。

話し言葉をつかいはじめたばかりの赤ちゃんは、そんな経験を毎日のようにしています。赤ちゃんは「ネコ」と言うつもりで「ネ、ネ」と言ったり、「マンマ」と言うつもりで「ンマ、ンマ」と言ったりしているのですが、まわりの大人たちはなかなかわかってくれません。赤ちゃんにとって、大人に通じるように発音するというのは、むずかしいことなのです。

驚いたことに、そんなときベビーサインをつかっていた赤ちゃんは、話し言葉といっしょにベビーサインをつかって、言いたいことをはっきりと伝えようとします。まだ「はぶらし」とうまく言えなかったときに、ベビーサインと話し言葉を同時につかっていたメーガンのことを思い出してください（本書152頁参照）。うれしいことに、この方法はとてもうまくいくのです。

食べもので口がふさがっているとき

食べものが口にはいっているときは、だれだってうまく話すことができません。あなたは、口いっぱいにケーキをほおばったとたん、なにか質問をされて困ったことはありませんか？　そんなとき、おそらくあなたは、手のひらを相手にむけて〈待って〉というジェスチャーをしたことでしょう。ジェスチャーがあなたのピンチを救ってくれたのです。ベビーサインで育った赤ちゃんも、同じような場面でベビーサインをつかうことがあります。

ある日のこと、保育園に通っているマックスは、おやつの時間に、先生がクラッカーの箱をもってマックスの前を通りすぎようとしているのに気がつきました。「もっと」と言いたくても、マックスの口はクラッカーでふさがっていて話せません。どうしても、もうひとつクラッカーがほしかったマックスがとった方法、それは、口をつかわなくてもすむベビーサインで、〈もっと〉とおねだりすることでした。マックスは、何週間も前から「もっと」と言えるようになっていましたが、必要なときにはベビーサインをつかうこともできたのです。

強調したいとき

ペットのイヌに向かって、人差し指を横にふりながら「だめ！」と叱りつけたり、立てた親指を肩に向かって動かしながら「でていきなさい！」と叫んだりしたことはありませんか？　私たちは、感情が高ぶると言葉だけではたりなくて、無意識のうちにジェスチャーをつかうものです。

一歳八か月のカレンが、なかなか話を聞いてくれないお母さんに文句を言ったときもそうでした。りんごジュースを飲み終えたカレンは、台所にいるお母さんに向かって、「もっと、ジュース」と呼びかけました。ところが、お母さんは電話に夢中で気づいてくれません。するとカレンは、お母さんの目の前に立って「もっと、ジュース。もっと、ジュース。もっと、ジュース」とベビーサインと話し言葉をいっしょにつかいながらくりかえしたのです。右手の人差し指で左手の手のひらを強く打ちつけるそのしぐさは、まるで「今すぐほしいの」と言っているかのようだった、とお母さんは話してくれました。

気持ちが高ぶったり、なにかを強く訴えたいときにジェスチャーがでてくるというのは、大人にとっても赤ちゃんにとっても自然なことなのでしょう。

声が聞こえないとき／声をだしてはいけないとき

話し言葉には、大声をだせるという利点がありますが、まわりがうるさすぎて叫んでも聞こえない場合もあります。そんなとき、ジェスチャーはとても便利です。アメリカンフットボールの試合やサーカスを観に行ったとき、またはショッピングセンターに行ったときなど、まわりがうるさくて話ができないときに、赤ちゃんがしばらくつかっていなかったベビーサインをつかうというのはよくあることです。

反対に、静かにしなければならない場所でも、赤ちゃんは、ベビーサインをつかえば話ができることを知っています。おしゃべりが大好きな二歳のジェームスは、教会ではベビーサインをつかうのが便利だということに気がつきました。また、何か月も前から「本」と言えるようになっていたのに、大学生だったお母さんといっしょに図書館に行くときには、〈本〉というベビーサインをつかっているという赤ちゃんもいました。

弟や妹が生まれたとき

このように、ベビーサインには便利なところがありますが、それでもやがて赤ちゃんは、ベビーサインをまったくつかわなくなってしまいます。もちろん、「バイバイ」と言うときに手をふるような一般的なジェスチャーを忘れることはないでしょうが、四歳になった子どもに、赤ちゃんのときにつかっていた〈カバ〉のベビーサインのことをきいても、おそらくなにも覚えていないでしょう。

けれども、成長した子どもたちが、ベビーサインをつかう場合がもうひとつあります。それは、弟や妹が生まれたときです。私たちのところには、ベビーサインをつかっているたくさんのお父さんやお母さんから、お兄ちゃんやお姉ちゃんになった子どもたちが、弟や妹に大喜びでベビーサインを教えているという、うれしい報告がよせられています。お父さんやお母さんとチームを組んで、生まれてきた赤ちゃんにベビーサインを教えてあげるというのは、お兄ちゃんやお姉ちゃんにとってもすばらしい経験にちがいありません。なんといっても、家族みんなで楽しめるというのが、ベビーサインのいいところなのですから。

8 Parents' Questions Answered

ベビーサインQ＆A

これまでの章で私たちは、ベビーサインとはなんなのか、どうやってベビーサインを日常生活にとりいれていけばいいのか、ベビーサインはどんなふうに役立つのか、などについてお話ししてきました。けれども、実際に「さあベビーサインをはじめよう」と思うと、こんなときはどうするんだろうと、とまどうことがたくさんあると思います。

本章では、私たちによせられた質問のなかから代表的なものを選んで、それにお答えするかたちで話を進めていくことにします。ベビーサインについて、なにかわからないことがあるときには、以下

の質問と答えを参考にしてください。

Q……息子にベビーサインを教えたいと思っていますが、まだ生後三か月です。何か月になればベビーサインを教えることができるようになりますか？

A……ベビーサインをつかう準備ができる月齢は、それぞれの赤ちゃんによってちがうので、ベビーサインを教えるのは生後何か月から、という具体的な数字をお答えすることはできません。

けれども、これまでの研究結果から考えると、生後三か月から教えるというのは、あまりにも早過ぎるといえます。なぜなら、ベビーサインをつかいはじめるまえに埋めておかなければならない、いくつもの大切なピースが、あなたの赤ちゃんの言語パズルには、まだ埋められていないからです。

なかには、八か月くらいからベビーサインをつかえるようになる赤ちゃんもいますが、赤ちゃんの月齢にこだわるのではなく、赤ちゃんの言語パズルの準備が整っているか、つまり赤ちゃん自身にベビーサインをつかう用意ができているかどうかを的確に判断して、ベビーサインを教えはじめる時期をきめることが大切です。そのためには、第三章でお話ししたとおり、赤ちゃんの行動の変化をみのがさないようにしてください。赤ちゃんが身のまわりのものに興味をもつようになり、いろいろなものを指差して、あなたとコミュニケーションをしたがっているようなら、そのときが赤ちゃんにベビーサインを教えはじめるちょうどいい時期なのです。

赤ちゃんにこうしたようすがみられるようになったら、はじめは四つか五つに限定してベビーサインを教えましょう。最初のひとつを覚えるまでには、ちょっと時間がかかりますが、あせりは禁物です。コツがわかれば、赤ちゃんは次々とベビーサインをつかうようになるはずです。ですから、長い目でみまもってあげてください。

ただし、今お話ししたのは、赤ちゃんが自分でベビーサインをつかうように教えはじめる時期のことです。話すことができない生まれたばかりの赤ちゃんに話しかけるように、まだベビーサインをつかうことのできない赤ちゃんにベビーサインをつかって話しかけても、困ることはなにひとつありません。赤ちゃんが小さければ小さいほど、赤ちゃんが自分でベビーサインをつかえるようになるまでには時間がかかる、ということさえ理解しているなら、あなたはあなたの好きなときにベビーサインをつかいはじめればいいのです。

Q……娘に〈ぼうし〉のベビーサインを教えたところ、ここ何週間かで、自分から〈ぼうし〉のベビーサインをするようになりました。娘がつかえるようになったベビーサインを私もつかいつづける必要がありますか？

A……いいえ、赤ちゃんがそのベビーサインを身につけて、日常的につかえるようになったら、あなたがそれをつかいつづける必要はありません。

不思議なことに、ベビーサインをつかっているお母さんたちは、赤ちゃんがひとつのベビーサインをつかえるようになると、自然にそのベビーサインをつかわなくなります。赤ちゃんがベビーサインで〈ぼうし〉と言うと、お母さんは、話し言葉だけで、「そう、帽子よ」と答えるようになるのです。きっと、話し言葉だけで答えても、お母さんが赤ちゃんの気持ちを理解していることは、十分に伝わるからなのでしょう。

けれども、赤ちゃんが〈ぼうし〉のベビーサインをつかいはじめたからといって、あなたがそのベビーサインをやめる必要もありません。あなたがベビーサインをつかいつづけていると、ときには思いがけない効果があらわれることもあります。お父さんやお母さんのなかには、「ベビーサインをつかうことが当たり前になると、無意識のうちに二つ、または三つのベビーサインを組みあわせてつかうようになった」という人がいますが、こうしたベビーサインのつかい方は、意図的でないにせよ、赤ちゃんに二語文や三語文のお手本を示していることになるからです。

1歳1か月のキャロリンが〈ぼうし〉のベビーサインをあらわしているところです。簡単な動作なので、とても人気のあるベビーサインです。

一歳四か月のジャスミンは、毎晩、寝る前に父親のピーターに絵本を読んでもらうことを楽しみにしていました。

その夜、いつものようにピーターといっしょに子ども部屋に入ると、ジャスミンが〈アヒル〉のベビーサインをしたので、ピーターは深く考えることなく、「アヒルがどうしたの?」と言いながら〈アヒル〉と〈なに?〉というベビーサインをつかいました。すると、ジャスミンは、〈アヒル〉と〈本〉というふたつのベビーサインで答えました。

「そうか、今夜はアヒルさんの絵本が読みたいんだね」 そう言ったあとでピーターは、ジャスミンがはじめてベビーサインを組みあわせて二語文をつくりだしたことに気がつきました。そして同時に、自分も無意識のうちに、ふたつのベビーサインを組みあわせてジャスミンに話しかけていたことに気づいたのです。

つまり、赤ちゃんがベビーサインをつかえるようになったら、あなたは、そのベビーサインをつかいつづける必要はありませんが、かといって、やめなければならない理由もないのです。

Q……ベビーサインで言いたいことが伝えられるようになってしまったら、話し言葉を覚えなくなる心配はありませんか?

A……第七章でもくわしく説明したとおり、ベビーサインをつかっている赤ちゃんは、まるで磁石にひきよせられるかのように話し言葉を獲得していくものです。赤ちゃんが話し言葉を身につける動機はたくさんありますが、なかでももっとも根源的な理由は、まわりの人とかかわりをもったり、自分のほしいものを手にいれたりするためです。話し言葉を身につけることによって赤ちゃんは、積極的にコミュニケーションに参加することができるようになり、まわりの人たちとの関係を深めることができるようになります。ベビーサインは、その過程をじゃまするものではありません。むしろ、赤ちゃんが話し言葉を獲得するまでの架け橋の役割をはたし、話し言葉の発達を促すものなのです。

ベビーサインをつかっている赤ちゃんは、話し言葉がつかえるようになるまで、だまって待っていたりはしません。人と人とのコミュニケーションに自分からとびこんでいきます。そして、そのなかで赤ちゃんは、会話のルールを身につけ、コミュニケーションの楽しさを実感していくのです。ですから、ベビーサインをつかったからといって、赤ちゃんが話し言葉をつかわなくなってしまうというような心配はまったくありません。その反対に赤ちゃんは、さらに自分の世界を広げようとして、早く話し言葉がつかえるようになりたいと思うものなのです。

Q……ベビーサインをつかうと、赤ちゃんへの話しかけが減ってしまうのではないでしょうか?

A……いいえ、そんなことはありません。それどころか反対の効果があります。第三章でも説明したとおり、ベビーサインをつかうようになると、お母さんたちは、無意識のうちにそれまで以上に赤ちゃんに話しかけるようになります。ベビーサインをつかっている家庭で育つ赤ちゃんは、「言葉のお風呂につかっているようなものだ」とお話ししたことを思いだしてください。

なぜ、赤ちゃんへの話しかけが増えるのか、ということについては、いくつかの理由が考えられます。なかでも大きな理由として考えられるのは、赤ちゃんがベビーサインをつかいはじめると、赤ちゃんが自分からお母さんに話しかけるようになり、お母さんがそれに答える機会が多くなることです。つまり、ベビーサインをつかうと、赤ちゃん自身が会話のきっかけをつくることができるようになるので、お母さんが一方的に話しかけていたときとくらべると、赤ちゃんと話す機会がぐっと増えるのです。

たとえば、公園を散歩しているときに、赤ちゃんがあなたのほうを見て、匂いをかぐベビーサインをしたらどうしますか？　おそらくあなたは、「ほんと、きれいな花ね」と答えるでしょう。では、お風呂に入れたときに、赤ちゃんが息を吹きかけるベビーサインをしたら？　きっとあなたは、すぐに赤ちゃんを湯船からだきあげて、「熱かったのね、ごめんね」とあやまるにちがいありません。

このふたつの例に共通していることは、赤ちゃんが自分から働きかけて、お母さんの注意を自分の話したいことにむけさせている点です。こうした赤ちゃんの成長は、親としてたいへんうれしいことなので、たいていのお母さんは、なんとかそれに応えようとして、赤ちゃんとたくさん言葉を交わすようになります。そして、それが赤ちゃんにとっては、発音のしかたや文のつくり方など、話し言葉の知識を学ぶよい機会となります。つまり赤ちゃんは、発音に必要な体の準備が整ったときに、少しでもうまく話し言葉をつかうことができるよう、ベビーサインをつかっているあいだも、ひとつひとつの言葉がどんな音でできているのかを学んでいるのです。

また、赤ちゃんがベビーサインをつかいはじめると、お父さんやお母さんは次々と新しいベビーサインを考えだすようになります。このことも赤ちゃんへの話しかけが増えるきっかけとなり、知らず知らずのうちに、赤ちゃんが話し言葉のお手本を耳にする機会をふやすことになるのです。

こうして考えてみると、私たちの研究で、ベビーサインをつかっている赤ちゃんが、ほかの赤ちゃんよりも優れた言語力を示したり、早くから話し言葉をつかえるようになったりするという結果が得られたのは、少しも不思議なことではないといえるでしょう。

Q……〈もっと〉というベビーサインをあらわすのに、私は両手の人差し指をくっつけるようにしていたのですが、息子は、両手の握りこぶしをたたきあわせるようになり、人差し指をつかおうとする気配はありません。どうすればいいのでしょうか?

A……同じような質問は、多くのお父さんやお母さんからよせられています。私たちのアドバイスは、今、赤ちゃんがしていることをほめてあげましょう、ということです。ベビーサインの目的は、あくまでもあなたと赤ちゃんが心をかよいあわせることであって、正しいベビーサインのやり方を教えることではありません。あなたが赤ちゃんの言おうとしていることを理解できるのなら、ベビーサインのあらわし方など大した問題ではないのです。

オシという男の子のお母さんは、ネコのひげにみたてた二本の指で頬をなでるしぐさを〈ネコ〉のベビーサインにしていましたが、オシがつかいはじめたのは、五本の指で口の上をなぞるベビーサインでした。オシのベビーサインは、お母さんのものとはあまり似ていませんでしたが、それでもお母さんは大喜びでした。オシが〈ネコ〉と言おうとしていると、すぐにわかったからです。

〈もっと〉というベビーサインは、動作が簡単なうえ、つかう機会も多いので、赤ちゃんが最初に覚えるのにピッタリのベビーサインです。この写真は、1歳1か月のエマが、にぎった両手をたたきあわせるベビーサインで、「もっとおかしをちょうだい」と言っているところです。

もっと
more

考えてみると、これは話し言葉でも同じです。話しはじめたばかりの赤ちゃんの発音は、大人の発音とはずいぶんちがっています。けれども、どんなに赤ちゃんの発音がたどたどしくても、赤ちゃんが話し言葉をつかいはじめたら、お父さんやお母さんは心の底から喜んで、赤ちゃんをほめてあげるはずです。あなただって赤ちゃんが「ワァーワ」や「ナ、ナ」と言えば、笑顔で「そうだよ、あれはワンワンだよ」とか、「バナナがほしいの?」と答えてあげるでしょう。

ですから、赤ちゃんのベビーサインがあなたのあらわし方とちがっていても、気にする必要はまったくありません。それよりも、赤ちゃんがなにを言おうとしているのかをしっかりと受けとめてあげることのほうがずっと大切です。そして、赤ちゃんの言いたいことがきちんと伝わっていること、あなたが赤ちゃんのがんばりをうれしく思っていることを赤ちゃんに伝えてあげましょう。

あなたと赤ちゃんがおたがいの気持ちを理解しあうことができれば、それだけでベビーサインは、その役割を十分に果たしているのです。

Q……夫も私もフルタイムで働いているので、娘を保育園にかよわせています。親子ですごす時間が短いと、ベビーサインをつかうことはできませんか？

A……そんなことはありません。働いている多くのお母さんが、赤ちゃんとすごす時間が短いために、ベビーサインがつかえないと思いこんでいるようです。けれどもほんとうにそうでしょうか。赤ちゃんが目覚めてから寝るまでを考えてみると、実際にはかなりの時間、あなたは赤ちゃんといっしょにすごしているのではありませんか。平日は忙しくて、なかなかいっしょにいられないというお母さんでも、週末にはたっぷり時間があるはずです。赤ちゃんとすごす時間が短ければ短いほど、いっしょにいられる時間は、あなたと赤ちゃんにとって貴重なひとときとなるはずです。そんな大切な時間を、赤ちゃんとの会話を楽しみながらすごすことができれば、どんなにすてきでしょう。

ベビーサインをつかうために特別な時間を確保する必要はありません。ベビーサインを今のあなたと赤ちゃんの暮らしにとりいれるのは、とても簡単なことなのです。たとえば朝の身支度をするときや、ご飯を食べるときにもベビーサインをつかうことはできますし、保育園の送り迎えのときに道で見かける〈イヌ〉や、道端に咲いている〈花〉について話すのもいいでしょう。

また、夜は一日の疲れがたまっているのでいらいらしがちですが、そんなときこそベビーサインが役に立ちます。ベビーサインをつかえば、赤ちゃんの言いたいことがはっきりとわかるので、夕食やお風呂の時間も、寝る前のお話の時間も、これまでよりずっとスムーズに気持ちをかよわすことができるようになります。そうなれば、あわただしかった時間を、ゆとりをもって楽しむことができるようになるでしょう。

第四章でお話ししたように、保育園の先生にもベビーサインチームに加わってもらうようにすれば、赤ちゃんは保育園でも安心してコミュニケーションをすることができるようになります。ベビーサインは、忙しいあなたにとって、強い味方となるはずです。ですから共働きだからといって、ベビーサインをつかうのをあきらめたりしないでください。

Q……シングルマザーなので、ひとりで子どもを育てています。ベビーサインは、夫婦や身近な人たちと協力しながら教えたほうがいいということですが、私ひとりでベビーサインを教えることはできますか？

A……家族やまわりの人たちといっしょにベビーサインをつかうのは楽しいことですが、ベビーサインは、みんなでやらなければうまくいかないというものではありません。ひとりで子どもを育てている人たちのなかにも、ベビーサインをつかって赤ちゃんとのコミュニケーションを楽しんでいる人がたくさんいます。

あるシングルマザーの声を紹介しましょう。

ジェイクと私は、一日の大半をふたりきりですごしていますが、ジェイクはまだ赤ちゃんで話し相手にはなりません。だから私は、ときどきどうしようもない孤独感に襲われてしまうことがありました。そのため私は、ジェイクが生まれたばかりのころから、「早く話せるようにならないかしら」と、それればかり考えていました。

そんなとき、ベビーサインのワークショップに参加して、話しはじめるまえの赤ちゃんとコミュニケーションをする方法があることを知りました。ジェイクが十か月になったころです。私がベビーサインをつかいはじめると、ジェイクはすぐに覚えて、三週間後にはいくつかのベビーサインをつかうことができるようになりました。

ベビーサインがもたらしてくれたものは、ジェイクと話ができるという喜びだけではありません。〈飛行機〉や〈花〉のベビーサインをあらわしているジェイクのかわいらしい手や、クラッカーやジュースを〈もっと〉とねだるときのジェイクのうれしそうな顔を見るだけで、私は幸せを感じることができるようになったのです。

このように、あなたと赤ちゃんがふたりだけでベビーサインをつかっても、まったく問題はありません。ベビーサインは、あなたと赤ちゃんの絆をより強いものにしてくれるでしょうし、ベビーサインをとおしておたがいの気持ちを理解しあうことができれば、ストレスも減って、より多くのエネルギーを有意義な親子の語らいにつかうことができるでしょう。

Q……一歳二か月の息子に二か月間ベビーサインをつかってきましたが、ベビーサインも話し言葉もいっこうに覚えようとしません。妹の赤ちゃんはまだ一歳ですが、すでに六つのベビーサインと四つの話し言葉をつかうことができます。私の息子の成長には、なにか問題があるのでしょうか。

A……なにも問題はありません。赤ちゃんにはひとりひとり個性があることを思いだしてください。同じ月齢であっても、なにに興味をもつかは赤ちゃんによってちがいますし、成長の過程やスピードにも個人差があります。ベビーサインも同じです。赤ちゃんがベビーサインをつかいはじめる時期や、つかうベビーサインを増やしていくスピード、話し言葉をつかいはじめる時期というのは、赤ちゃんによってちがうものなのです。

私たちの知っているハナという女の子も、一歳四か月ごろになるまで、ベビーサインも話し言葉もつかおうとはしませんでした。ハナは、ジャングルジムに登ったり、兄弟といっしょにかくれんぼをしたりすることに夢中で、コミュニケーションにはあまり関心をもっていなかったのです。話しはじめてからも、ハナの成長は比較的ゆっくりで、その後二か月のあいだにつかえるようになったのは、十の話し言葉と七つのベビーサインだけでした。

では、ハナにベビーサインを教えたのは無駄だったのでしょうか。それはちがいます。ベビーサインがなければ、一歳六か月になったハナが話せるのは十の話し言葉だけでしたが、ベビーサインとあわせると、ハナは十七の「言葉」をつかうことができました。この七つのベビーサインは、ハナのコミュニケーション能力をより豊かなものにしたといえるでしょう。

このように、赤ちゃんがベビーサインを身につけるスピードに個人差があったとしても、ベビーサインはそれぞれの赤ちゃんにあった方法で、その役割を果たすことができます。あせらずに、あなたの赤ちゃんの個性を大切にしてあげてください。赤ちゃんがなにに興味をもっているのかを考えながら、忍耐づよくとりくむことが、なによりも大切なのです。

Q……娘がベビーサインをつかっても、ベビーサインを知らない人には、言いたいことが伝わらないのではありませんか?

A……たしかに、ふだん赤ちゃんといっしょにいない人は、赤ちゃんのベビーサインを理解できないこともあるでしょう。けれども、それは赤ちゃんが話し言葉をつかいはじめたときでも同じです。話しはじめたばかりの赤ちゃんの言葉は、発音がはっきりしていないので、お父さんやお母さんには聞きとれる言葉でも、慣れない人はなかなか理解できないものです。そんなときは、お父さんやお母さんが、自然に赤ちゃんの言葉を通訳して、赤ちゃんとまわりの世界をつなぐパイプ役を果たすことになります。

それにくらべると、ベビーサインはものの特徴や動きをそのままあらわしているものが多いので、赤ちゃんのたどたどしい話し言葉よりもかえってわかりやすい場合がよくあります。たとえば、〈鳥〉というベビーサインは、ほとんどの赤ちゃんが鳥がはばたいているしぐさをまねてあらわします。公園で鳥を見ながら、鳥の羽のように両手をバタバタと動かしている赤ちゃんをみかけたら、たとえベビーサインを知らなくても、赤ちゃんがなにを言おうとしているのかは一目瞭然でしょう。また、電話がかかってきたときに、赤ちゃんが、うれしそうな顔で握りこぶしを耳にあてるジェスチャーをしたら、それが〈電話〉だということもすぐにわかるはずです。

また、まだ話すことができない小さな赤ちゃんが接する相手は、家族や保育園の先生など、ごく少数の人たちにかぎられています。つまり、赤ちゃんにとって大切なのは、はじめて会った人とコミュニケーションできることではなく、いつも身近にいる人と話ができることなのです。赤ちゃんがベビーサインを知らない人といっしょにいるときには、たいていの場合、お父さんやお母さんがそばにいるはずですので、赤ちゃんのベビーサインがうまく通じないようなら、それを通訳してあげればいいでしょう。

Q……妻も私も子どもの歌やゲームをあまり知りません。新しいベビーサインを教えるときには、手遊び歌やゲームをつかわなければなりませんか？

A……そんなことはありません。歌やゲームを積極的にとりいれてベビーサインをつかっているお父さんやお母さんもいますが、それがなければベビーサインがつかえないわけではありません。

ベビーサインを教える方法は、ほかにもたくさんあります。本を読むとき、動物園に行ったとき、食事やお風呂の時間などを利用して、ベビーサインをつかうようにしましょう。赤ちゃんとあなたがいっしょにいるすべての時間が、新しいベビーサインを教えるチャンスなのです。

また、毎日の生活のなかにベビーサインをとりいれることは、効果的というだけでなく、とても重要なことでもあります。それによって、ベビーサインは、歌やゲームのときだけにつかうものではなく、日常生活でのコミュニケーションにも役に立つと赤ちゃんが気づいていくからです。

一度つかいはじめると、ベビーサインは驚くほどしっくりと日常生活にとけこんでしまうものです。気がついたときには、あなたもほとんど無意識にベビーサインをつかうようになっているでしょう。

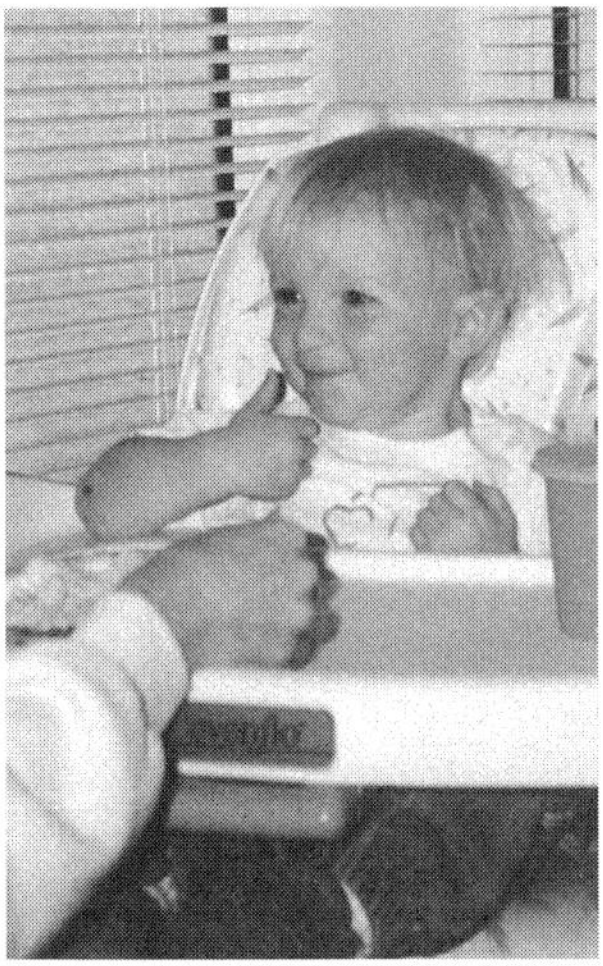

1歳2か月のキーガンが、親指を唇にあてて〈飲む〉というベビーサインをあらわしているところです。このようにベビーサインのなかには、私たちがふだんつかっているジェスチャーとよく似ているものもあります。

9 Sign Suggestions

ベビーサイン・リスト

本章では、これまで私たちの研究に協力してくれた家族が、実際につかっていたベビーサインを紹介します。これらのベビーサインは、日常生活のなかで、赤ちゃんが興味をもっているものや、赤ちゃんにとって大切だと思われることをあらわすために、お父さんやお母さん、そして赤ちゃんがつくりだしたものです。どういうベビーサインにしようかと迷ったときや、新しくベビーサインをつくってみようと思ったときの参考にしてください。

ただし、ここで紹介したベビーサインは、あくまでも一例でしかありません。これ以外のベビーサインを自由につくりだしてもかまいませんし、例にあげたやり方が赤ちゃんにとってむずかしいようだったら、動きを簡単にしたり、もっと楽しめるように工夫したりするといいでしょう。そしてなによりも、赤ちゃんがつくりだすベビーサインをみのがさないようにしてあげてください。

ベビーサインの「正しいつかい方」なんてありません。逆にいえば、「正しいつかい方」がなく、それぞれの赤ちゃんの興味や発達にあわせることができるからこそ、だれでも簡単にベビーサインをつかうことができるのです。

9-1 名詞をあらわすベビーサイン

飛行機
airplane
両手を横に広げる
飛行機の翼をまねる

食事用エプロン・ナプキン
bib / napkin
胸を軽くたたく
食事用エプロンやナプキンをつける場所を示す

鳥
bird
横に広げた手をはばたかせる
鳥の羽の動き

チョウチョウ
butterfly
両手の親指を組んで
残りの指をひらひらと動かす
蝶が飛んでいるようす

本
book
あわせた両手を
開いたり閉じたりする
本を開いたり閉じたりする動作

カメラ
camera
両手でつくった丸を
目にあてる
カメラのレンズをのぞく動作

虫・ハチ
bug / bee
親指と人差し指をくっつけて
空中で動かす
虫が飛んでいるようす

ろうそく・火
candle / fire
人差し指を口の前において
息を吹きかける
ろうそくを吹き消す動作

ウサギ
bunny / rabbit
ぴんと伸ばした両手を
頭の上におく
ウサギの長い耳をまねる

コンピューター・ピアノ
computer / piano
両手の指を広げて
上下に動かす
キーボードをたたく動作

車・ドライブ
car / drive
ハンドルをきるまねをする
車を運転する動作

クッキーモンスター
Cookie Monster
開いた手を
口に入れるまねをする
クッキーを食べる動作

ネコ
cat / kitty
開いた両手の指を
頬にあてる
ネコのひげをまねる

ワニ
crocodile
両手の手首をあわせて
手のひらを上下にたたきあわせる
ワニの口の動き

青虫・へび
caterpillar / snake
人差し指を
曲げたり伸ばしたりする
青虫やへびの動き

扇風機・ヘリコプター
fan / helicopter
上に向けた人差し指を
くるくるまわす
羽がまわっているようす

イヌ
dog
舌をだして
ハアハアと息をする
イヌが息をしているようす

魚
fish
唇を開けたり閉じたりして
「パッパッ」という音をたてる
魚の口の動き

アヒル
duck
親指と残りの指を
くっつけたり離したりする
アヒルのくちばしの動き

花
flower
クンクンと匂いをかぐ
花の匂いをかぐ動作

ゾウ
elephant
人差し指または手の甲を
鼻につけて上下に大きく動かす
ゾウの鼻の動き

カバ
hippo
頭を後ろに反らせて
口を大きく開ける
カバが大きく口を開けるようす

カエル
frog
舌をだしたりひっこめたりする
カエルが虫を捕るときの動き

ウマ
horse
手綱を握るように手を
前において体を上下させる
ウマに乗っている動作

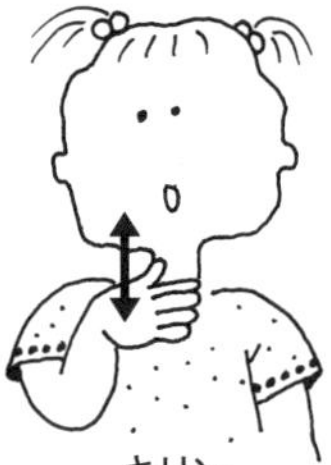

キリン
giraffe
首を伸ばして
手のひらでなでる
キリンの長い首を示す

カンガルー
kangaroo
両手でおなかをたたく
カンガルーのおなかにある
ポケットを示す

ぼうし・ヘルメット
hat / helmet
手のひらで頭をたたく
帽子やヘルメットを
かぶる場所を示す

雨・シャワー
rain / shower
両手の指をゆらゆらさせながら
上から下へと動かす
雨が降っているようす

サル
monkey
体を掻く
サルが体を掻いているまね

寝る
sleep
両手をあわせて頬の横にあて
首を傾ける
枕をあてて寝ているようす

月
moon
手のひらを上にむけて
ぐるぐるまわす
満月のかたち

クモ
spider
五本の指を
クモの足のように動かす
クモが歩くようす

音・音楽
noise / music
人差し指で耳を指さす
音が耳から
はいってくるようす

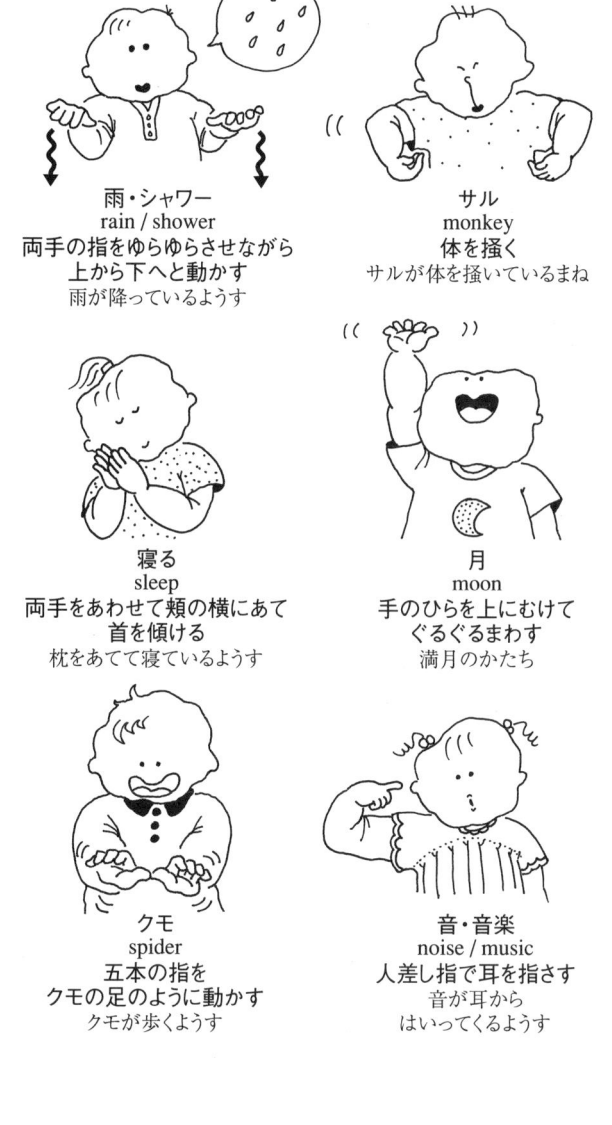

トラ
tiger
両手の爪をたてて
ひっかくまねをする
トラが爪をたてているようす

星
stars
両手をあげて広げた指を
ひらひらと動かす
星がまたたくようす

はぶらし
tooth brush
歯の前で
人差し指を横に動かす
歯みがきの動作

ブランコ
swing
両手を胸の横において
体を前後に動かす
チェーンを握ってブランコに乗っているようす

水・手を洗う
water / wash hands
手のひらをこすりあわせる
手を洗っている動作

電話
telephone
握りこぶしを耳にあてる
受話器を耳にあてるまね

シマウマ
zebra
指で胸の上を
横切るようになでる
シマウマのしま模様を示す

飲みもの・哺乳びん
drink / bottle
立てた親指を
口元にあてる
なにかを飲んでいるまね

食べもの・食べる
food / eat
すぼめた指先を
口元にもっていく
食べものを口にいれる動き

9-2
要求をあらわすベビーサイン

ベビーサインは、ものの名前をあらわすときだけでなく、赤ちゃんが自分のほしいものや、してほしいことを伝えるときにも役立ちます。たとえば、赤ちゃんがお皿にいれてもらったお菓子を全部食べてしまったときには、〈もっと〉というベビーサインをつかえばいいのです。

次に、こうした要求をあらわすベビーサインをいくつか紹介しましょう。これらのベビーサインを試したり、あなた自身で新しいベビーサインをつくりだしたりしながら、赤ちゃんが、自分の気持ちをうまく伝えることができるようなベビーサインを考えてみてください。

また、名詞をあらわすベビーサインとして紹介したものは、いずれもそれを要求するためのベビーサインとしてつかうことができます。〈ミッキーマウス〉というベビーサインは、テレビにミッキーマウスが映っているときにもつかえますが、ミッキーマウスのビデオを観たい、という意味にもなります。つまり赤ちゃんは、〈ミッキーマウス〉という名詞をあらわすベビーサインをつかって、自分の要求を伝えることができるのです。

もっと
more
人差し指で
反対の手のひらを軽くたたく
手のひらになにかをのせるようす

外に出たい
out
ドアノブをまわすしぐさ
ドアを開けて外にでる動作

上に行きたい
抱っこして
up / lift
人差し指で上をさす
上の方向を示す

中に入れて
in
まるめた手の中に
反対の手の指先をいれる
中になにかを入れる動作

やめて
stop
手のひらを相手にむけて
胸の前につきだす
相手を制止させる動作

ちょうだい
give me
両手を打ち合わせる
手のひらにのせて…というしぐさ

9-3 その他の役立つベビーサイン

名詞や要求をあらわすベビーサインのほかにも、便利なベビーサインはたくさんあります。〈大きい〉や〈小さい〉といったもののようすをあらわすベビーサインや、〈怖い〉のような感情をあらわすベビーサインをつかえば、赤ちゃんとの会話をより豊かなものにすることができるでしょう。想像力を働かせて、あなたと赤ちゃんとのコミュニケーションに役立つベビーサインを考えてみてください。

小さい
small / tiny
親指と人差し指を近づける
小ささを示す

どこ?・知らない
where? / I don't know
両手を広げて肩をすくめる
アメリカで一般につかわれている
「知らない」というジェスチャー

熱い
hot
手を伸ばして
急にそれをひっこめる
熱いものにさわったときの動き

なくなった
all gone
下に向けた手のひらを
腰のあたりで左右にゆらす
なにもないようす

冷たい
cold
両手のこぶしを胸の前で
左右にふるわせる
寒くて体が震えるようす

大きい
big
両手を頭の上にあげる
大きさを示す

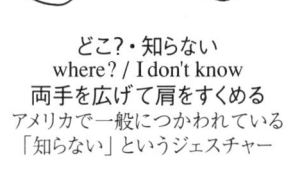

怖い
scared
手で何度も軽く胸をたたく
心臓がドキドキしているようす

泣く
cry
両手で目の下をこする
泣いているようす

ごみ・汚い
garbage / dirty
鼻をつまむ
臭いというしぐさ

怒る
angry
腕組みをして頬をふくらませる
怒っているようす

痛い
ouch
片手で
もう片方の手の甲をつねる
痛みをあらわす

笑う
smile
両頬に人差し指をあて
にっこりと微笑む
えくぼを示す

待って
wait
相手にむけた手のひらを
二、三度、前後にゆらす
軽く押しとどめるしぐさ

ごめんね
sorry
げんこつで頭を軽くたたく
反省の気持ちをあらわす

そっと
gentle
手の甲を
指先でやさしくなでる
なにかをそっとなでるようす

ありがとう
thank you
頭をさげる
感謝の気持ちをあらわす

疲れた
tired
額に手をあてる
汗をぬぐうしぐさ

なかよし・友だち
friend
握った両手を左右にゆらす
友だちと手をつないでいるようす

10 Sign Time Rhyme Time!

日本語版 おまけの章……ベビーサインをつかって日本語の手遊び歌と絵本を楽しもう

いかがでしたか？　こんなに簡単に赤ちゃんと「話す」ことができるのなら、私もベビーサインをはじめてみようという気持ちがわいてきたのではないでしょうか。

実は原書では、第十章にベビーサインをつかった手遊び歌が紹介されているのですが、英語の歌ばかりなので、原著者の了解を得て日本語版では割愛することにしました。そこで本章では、訳者である私が、自分自身の子育てのなかで、子どもたちといっしょに楽しんできた日本語の手遊び歌や絵本の読み聞かせを紹介します。

ここにでてくるベビーサインのなかには、これまで紹介したしぐさとはちがうベビーサインもありますが、同じ言葉でもいろいろなあらわし方があるのがベビーサインのいいところです。あなたと赤ちゃんにとって、やりやすいと思われるベビーサインを自由に選んでつかうようにしてください。

ベビーサインをつかって、手遊び歌で遊んだり、絵本を読んだりすることは、赤ちゃんにとっても、そしてお父さんやお母さんにとっても、心に残る楽しい時間になると思います。ここで紹介した歌や絵本だけでなく、赤ちゃんのお気に入りの歌や絵本にベビーサインをとりいれて、あなたと赤ちゃんのベビーサインの世界をどんどん広げていってくださいね。

10-1

ベビーサインで歌おう

手遊び歌からベビーサインへ

日本語の手遊び歌と聞いて、たいていの人が最初に思いつくのは、「げんこつやまのたぬきさん」

ではないでしょうか。うれしいことに、この手遊び歌には、お腹がすいたときの〈オッパイ〉、眠くなったときの〈ネンネ〉など、赤ちゃんの生活に役立つ身振りがいくつもでてきます。どれも赤ちゃんにとって簡単な身振りなので、「オッパイがほしいの？」や「ネンネの時間よ」と言いながら、〈オッパイ〉や〈ネンネ〉の身振りをベビーサインとしてつかってみてください。

本書の冒頭に記した「訳者からのメッセージ」でもお話ししましたが、私の息子が最初につかいはじめたベビーサインは、右手を開いたり閉じたりする〈オッパイ〉のベビーサインでした。両手をつかうのがむずかしい場合は、このように片手にしてみるといいでしょう。また、ミルクをつかっている家庭では、同じ身振りを〈ミルク〉というベビーサインにするのもいいですね。

赤ちゃんといっしょに「げんこつやまのたぬきさん」を歌っているあいだに、ほら、〈オッパイ＝ミルク〉〈ネンネ〉〈だっこ〉〈おんぶ〉のベビーサインのできあがりです。

げんこつやまのたぬきさん　（わらべ歌）

げんこつやまのたぬきさん
おっぱいのんで
ねんねして
だっこして

おんぶして
またあした

手遊び歌は、赤ちゃんが大好きな動物をあらわすベビーサインを考えるときにも役に立ちます。たとえば、「こぶたぬきつねこ」という手遊び歌には、人差し指を鼻にあてて〈こぶた〉、両手のこぶしでおなかを軽くたたいて〈たぬき〉、両手の人差し指で目じりをひっぱりあげて〈きつね〉、まねきネコのように両手のこぶしを顔の横にあてて〈ねこ〉、という四つのベビーサインをつくることができます。それぞれの動物をあらわす身振りには、いろいろなバリエーションがあるようですが、気にする必要はありません。赤ちゃんといっしょに歌うときには、ふだんあなたがつかっている身振りを、それぞれの動物をあらわすベビーサインとして、赤ちゃんに教えてあげてください。

こぶたぬきつねこ（詞曲・山本直純）

こぶた
たぬき
きつね
ねこ

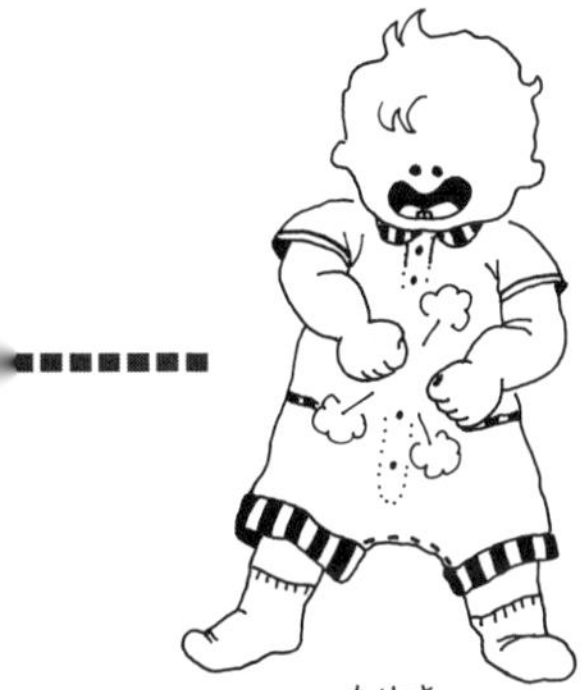

ねこ

きつね

お気に入りの歌にピッタリのベビーサインを考えよう

手遊び歌をあまり知らないお父さんやお母さんも心配はいりません。それなら、赤ちゃんが大好きな歌に、ベビーサインをつけて歌えばいいのです。もちろん、全部の歌詞をベビーサインであらわす必要なんてないので、赤ちゃんのお気に入りの歌にあわせて、ひとつでもふたつでもベビーサインをつかってみてください。赤ちゃんといっしょにベビーサインを考えた歌は、あなたと赤ちゃんのすてきな思い出の一曲となることでしょう。

最初に紹介するのは、「ちょうちょう」です。この歌は、ひとつのベビーサインだけで歌えるので、とても簡単です。両手の親指を組み、残りの指をひらひらと動かして〈チョウチョウ〉をあらわし、歌にあわせて、それが空を飛んでいるように動かしてみてください。

慣れてきたら、赤ちゃんに〈チョウチョウ〉のベビーサインをさせ、あなたは広げた両手を手首のところであわせて花の形をつくって〈花〉のベビーサインをしてみましょう（反対でもかまいません）。〈チョウチョウ〉が〈花〉にとまったり、飛んでいったりするようにして遊ぶと、とても楽しいですよ。

ちょうちょう　（詞・野村秋足　曲・スペイン民謡）

ちょうちょう
ちょうちょう
なの　はに　とまれ
なの　はに　あいたら
さくらに　とまれ
さくらの　はなの
はなから　はなへ
とまれよ　あそべよ
あそべよ　とまれ

チョウチョウ

花

赤ちゃんのベビーサインが増えてきたら、少し長い歌にも挑戦してみましょう。まいごの子ネコがでてくる「犬のおまわりさん」などは、どうでしょうか？

この歌はでてくるベビーサインの数が多いので、はじめから全部のベビーサインができなくてもかまいません。最初は、〈イヌ〉〈ネコ〉〈わからない〉という三つのベビーサインからはじめて、徐々にベビーサインの数を増やしていくといいでしょう。逆に、ここで紹介したベビーサインだけではものたりなくなってしまったら、「おまわりさん」のところで敬礼をしたりするなど、自分なりに工夫してみるのもいいですね。また、この歌にでてくる〈どこ？〉というベビーサインは、〈なに？〉という意味でもつかうことができます。つかえるようになるとたいへん便利なベビーサインなので、ぜひ、赤ちゃんとのふだんの会話でもつかってみてください。

それから、この歌を歌うときには、子ネコが泣いているようすやイヌのおまわりさんが困っているようすを表情たっぷりにあらわすようにしましょう。きっと、楽しさが倍増しますよ。

犬のおまわりさん（詞・佐藤義美　曲・大中恩）

〈ネコ〉……まねきネコのように両手のこぶしを顔の横にあてる
〈家〉……両手の手さきをあわせて屋根のかたちをつくる
〈どこ?〉……人差し指をたてて左右にふる。尋ねるような表情で
〈わからない〉……首を横にふる。
〈泣く〉……目を手でこすりながら泣いているようすをあらわす
〈イヌ〉……両手の親指を頭の横にあてて、それ以外の指を前に倒す
〈困る〉……腕組みをして考えているようすをあらわす

まいごのまいごの　こねこちゃん
あなたのお家は　どこですか
名前をきいても　わからない
お家をきいても　わからない
ニャンニャンニャニャーン　ニャンニャンニャニャーン
泣いてばかりいる　こねこちゃん
犬のおまわりさん　困ってしまって
ワンワンワワーン　ワンワンワワーン

〈ネコ〉
泣いてばかりいる
こねこちゃん

〈ネコ〉
まいごのまいごの
こねこちゃん
〈家〉
あなたのお家は
〈どこ?〉
どこですか
〈わからない〉
名前をきいても
わからない
〈家〉
お家をきいても
〈わからない〉
わからない
〈泣く〉
ニャンニャンニャニャーン
ニャンニャンニャニャーン
〈イヌ〉
イヌのおまわりさん
〈困る〉
困ってしまって
〈イヌ〉
ワンワンワワーン
ワンワンワワーン

10-2 ベビーサインをつかった絵本の読み聞かせ

赤ちゃんは、お父さんやお母さんといっしょに絵本を読むのが大好きです。もちろん、絵を見ながらふつうに読むだけでも楽しいのですが、赤ちゃんのお気に入りの絵本を読むときにベビーサインをつかえば、赤ちゃんとコミュニケーションが増え、親子で過ごすひとときを、より充実した時間にすることができるでしょう。はじめのうちは、どんなベビーサインをつかえばいいのかと、とまどうこともあるかもしれませんが、そのうちに挿し絵を見ながら赤ちゃんといっしょにベビーサインを考えることが、絵本を読む楽しみのひとつになっていくと思います。

『いないいないばああそび』（きむらゆういち・偕成社）

ページいっぱいに描かれたイヌやネコたちが、順番に「いないいないばあ」をする「しかけ絵本」です。〈イヌ〉〈ネコ〉〈ヒヨコ（鳥）〉など、本書で紹介したベビーサインをヒントにしながら、赤ちゃんといっしょに「いないいないばあ遊び」を楽しみましょう。最後に、ブタのお面をかぶったママが現れるところでは、実際にあなたが「いないいないばあ」をしながら、〈ブタ〉のベビーサインをすれば、赤ちゃんもきっと大喜びするはずです。

『はらぺこ　あおむし』（エリック＝カール作・もりひさし訳・偕成社）

子どもたちに大人気の『はらぺこ　あおむし』もベビーサインにピッタリの一冊です。人差し指の〈あおむし〉を曲げたり伸ばしたりしながらクネクネと動かし、ページをめくるたびに描かれてある果物やおやつを、親指と残りの四本指でつまんで〈食べ〉ましょう。そして、あおむしがさなぎになったら、あわせた両手を頬の下において、しばらく〈眠り〉ます。目覚めたときには、親指同士を交差させ、残りの指をヒラヒラと動かしながら〈チョウチョウ〉をパッと登場させましょう。

歌のところでもお話ししましたが、絵本の読み聞かせにベビーサインをつかうときにも、描かれてある絵をすべてベビーサインであらわす必要などありません。『はらぺこ　あおむし』を読むときには、〈あおむし〉と〈チョウチョウ〉だけでも十分に楽しむことができます。

とにかく、こうしなくちゃ、と考えすぎて、せっかくの絵本がつまらなくなってしまったら元も子もありません。ですから、手遊びをするときも絵本を読むときも、「楽しむこと」を第一に考えて、赤ちゃんとのすてきな時間をすごしてください。

BABY SIGNS

ベビーサインについてもっと知りたい人のために

ベビーサイン（学術的には「シンボルとしての身振りsymbolic gesture」と呼んでいます）の背景的な研究に興味をもたれた方のために、いくつかの研究論文を紹介しておきます。

Acredolo, L. P., and Goodwyn, S. (1985). Symbolic gesturing in language development: A case study. *Human Development*, 28, 40-49.

Acredolo, L. P. (1988). Symbolic Gesturing in Normal Infants. *Child Development*, 59, 450-466.

Acredolo, L. P., and Goodwyn, S. W. (1990). Sign Language among hearing infants: The spontaneous development of symbolic gestures. In V. Volterra and C. Erting (eds.), *From gesture to Language in hearing and deaf children*. New York: Springer-Verlag.

Acredolo, L. P., and Goodwyn, S. W. (1990). Sign Language in Babies: The significance of symbolic gesturing for understanding language develoment. In R. Vasta (ed.), *Annals of Child Development* (vol7, pp.1-42). London: Jessica Kingsley Publishers.

Goodwyn, S. W. and Acredolo, L. P. (1993). Symbolic gesture versus word: Is there a modality advantage for onset of symbol use? *Child Development*, 64, 688-701.

訳者あとがき

月日がたつのは早いもので、ベビーサインとの出会いから三年半がすぎました。息子はすっかりやんちゃ坊主に成長し、あのころお腹の中にいた娘も、もう三歳です。ふりかえってみると、私と子どもたちの大切な思い出のそばには、いつもベビーサインがありました。

空を舞う鯉のぼりを見て、手のひらを魚のようにくねくねと動かしながら〈魚〉のベビーサインをくりかえして大喜びしていたこと。保育園へ迎えに行ったとき、両手をにぎりあわせる〈なかよし〉というベビーサインで、はじめてできた友だちを紹介してくれたこと。しかられたあと、自分の頭をげんこつでたたくベビーサインで〈ごめんね〉と言いながら、抱きついてきたこと。

どれもこれも日常生活のひとこまにすぎませんが、思いだすだけで、そのときの情景がまぶたに浮かび、愛おしさがこみあげてきます。なかでも、一歳になったばかりの娘が、オッパイを飲みながら私の目を見つめ、軽く頬をたたくベビーサインで〈おいしい〉と言ってくれたときのことは、決して忘れられません。ベビーサインは、私と子どもたちとのコミュニケーションを豊かにしてくれただけではなく、普通なら通りすぎてしまうはずの小さなできごとを、すてきな思い出にかえてくれました。そして、毎日の生活に追われ、ついつい余裕をなくしてしまいがちな私の心に、子育てを楽しむ気持ちをプレゼントしてくれたのです。

嬉しいことにというか、残念なことにというか、この本を訳しはじめたころは、たくさんのベビーサインをつかっていた娘も、このごろはおしゃべりが上手になって、ベビーサインを必要とする機会はほとんどなくなってしまいました。私たちの生活からベビーサインが姿を消してしまうのはさびしい気もしますが、この本をとおして、今度はあなたにバトンタッチすることができると思うと、元気がわいてきます。この本が、赤ちゃんとのおしゃべりを楽しみたいと願っているお父さんやお母さんのお役に立つことを、心から願っています。

なお、本書は、日本の読者にとって読みやすいものとなるよう、原作にいくらか加筆したり、構成を変えたりしたところがあります。そのため「編訳」となっていますが、訳文の

大部分は原作にもとづいたものです。また、新たに日本語版オリジナルのイラストをくわえ、「おまけの章」も書きたしました。これによって、読者のみなさんが本書を少しでも身近に感じてくだされば、とても嬉しく思います。

最後になりましたが、この本の出版にあたり、お世話になった方々に感謝します。日本から届いた一読者からのファンレターにあたたかい返事をくださり、翻訳の際にはていねいなアドバイスをくださったリンダ・アクレドロ先生とスーザン・グッドウィン先生。この本の翻訳のきっかけをつくってくださった高村真理子さん。赤ちゃんのかわいらしい表情をユーモラスに、そして生き生きと表現してくださったイラストレーターの小澤エリサ・ヒライさん。そして、翻訳書出版のいろはもわからない新人にチャンスをくださり、最後まであたたかく見守ってくださった径書房の瀧口夕美さん、出倉純さん、渡辺豊さん。本当にありがとうございました。

二〇〇一年二月五日

著者紹介

リンダ・アクレドロ
Linda P. Acredolo, Ph. D.
心理学博士
カリフォルニア大学デイヴィス校教授

スーザン・グッドウィン
Susan W. Goodwyn, Ph. D.
心理学博士
カリフォルニア州立大学スタニスラウス校教授

著者は、米国の国立児童保健・発達研究所などから助成を受けてベビーサインに関する研究をおこない、数多くの論文を発表。さらに、ワークショップなどをとおして、子育て中の両親や保育園の先生、小児科医にもベビーサインを紹介してきた。二人の処女作である本書は、テレビや雑誌など、さまざまなメディアでとりあげられ、新しい視点で書かれた画期的な育児書として注目を集めている。

訳者紹介

たきざわ あき

兵庫県出身。筑波大学卒業後、アメリカに留学。ギャローデット大学で教育学(ろう教育専攻)の修士号を取得。結婚後、ふたたび渡米。滞在中に『BABY SIGNS』と出会い、自らもベビーサインをつかった子育てを実践。その経験をもとに本書の編訳をてがける。

BABY SIGNS

ベビーサイン

まだ話せない赤ちゃんと話す方法

2001年3月3日　第1刷発行
2002年5月25日　第9刷発行

原作
リンダ・アクレドロ／スーザン・グッドウィン

編訳
たきざわ あき

イラストレーション
小澤エリサ・ヒライ

編集
瀧口夕美／出倉 純／渡辺 豊

協力
山田裕子／赤星絵理

発行
株式会社径書房
東京都新宿区南元町11-3
TEL.03-3350-5571　FAX.03-3350-5572

印刷
株式会社明和印刷

2001. Printed in Japan　ISBN4-7705-0177-3

日本音楽著作権協会(出)許諾第0101467-209号

自分を好きになる本

パット・パルマー＝著　広瀬弦＝画　eqPress＝訳
本体1500円

私たちは毎日、自分のだめなところばかり見つめている。
人づきあいが苦手。才能がない。性格がひねくれている。
失敗ばっかり……。
STOP!!
自分の欠点を数えあげるのはもうやめよう。
あなたには、あなたにしかない輝きがあるのだから。

だいじょうぶ。きっとうまくいく。
こわがらないで、素直になって。

おとなになる本

パット・パルマー＝原作
広瀬弦＝画　eqPress＝編訳
本体1500円

大人になるということは、なにかをあきらめて、つまらない人生を生きるということではない。大人になるということは、自由になること。自分の好きな人生を自分の手で築いていくということ。大人になるって、とってもステキなことなんだ。

夢をかなえる本

パット・パルマー＝著
広瀬弦＝画　eqPress＝訳
本体1500円

あなたは将来、どんな仕事につきたい？　どんな人生を送りたい？　ぼんやりとした夢はあるけど、望みどおりの人生なんて手に入るはずがない、と思っているあなた。あきらめないで、自分の力を信じて歩きだそう。あなたはきっと幸せになれる。

泣こう

パット・パルマー＝著
仁科幸子＝画
Disk Potato House＝訳
本体1000円

悲しいとき、泣けますか？　悲しいとき、素直に泣けない「がんばり屋」のあなた。悲しんでいる自分をしからないで。泣くのはとても大切なこと。

怒ろう

パット・パルマー＝著
広瀬弦＝画
Disk Potato House＝訳
本体1000円

怒るのはいけないこと？　ううん、怒るのはとても大切なこと。あなたの怒りは、自分を大切にしようという、あなたの気持ちのあらわれだから……。

楽しもう

パット・パルマー＝著
みやざきひろかず＝画
Disk Potato House＝訳
本体1000円

人生を楽しんでる？　人生なんてつまらないことばっかりと思っているあなた。人生を楽しむのは、そんなにむずかしいことじゃない。さあ、楽しもうよ！